全国教育科学“十三五”规划教育部青年课题（ELA180501）

ZHIHUI BIANGE YU TIYU WEIKETANG

智慧变革与体育微课堂

张纪胜◎著

安徽师范大学出版社
ANHUI NORMAL UNIVERSITY PRESS
·芜湖·

图书在版编目(CIP)数据

智慧变革与体育微课堂 / 张纪胜著 .— 芜湖: 安徽师范大学出版社,2021.8
ISBN 978-7-5676-5134-0

Ⅰ. ①智… Ⅱ. ①张… Ⅲ. ①体育教学 - 课堂教学 - 教学研究 Ⅳ. ①G807.01

中国版本图书馆 CIP 数据核字(2021)第 121842 号

智慧变革与体育微课堂　　张纪胜◎著

策划编辑: 王维民
责任编辑: 吴　琼　　责任校对: 辛新新
装帧设计: 丁奕奕　　责任印制: 桑国磊
出版发行: 安徽师范大学出版社
芜湖市北京东路 1 号安徽师范大学赭山校区
网　　址: http://www.ahnupress.com/
发 行 部: 0553-3883578　5910327　5910310(传真)
印　　刷: 苏州市古得堡数码印刷有限公司
版　　次: 2021 年 8 月第 1 版
印　　次: 2021 年 8 月第 1 次印刷
规　　格: 700 mm × 1000 mm　1/16
印　　张: 16
字　　数: 215 千字
书　　号: ISBN 978-7-5676-5134-0
定　　价: 51.00 元

序

2015年冬天，一次偶然的机会，在与一线老师的交流中，得知安徽合肥有一位孜孜不倦地研究中小学体育信息化应用的老师，这引起我极大的兴趣，急切地想认识这位老师，向其讨教。2017年11月，我在安徽调研，来到合肥经济技术开发区，终于见到这位体育信息技术的专家张纪胜老师和他的团队，看到了基于微课的翻转课堂的研究成果。体育信息化应用研究代表着未来学校体育的发展方向，这条研究之路张老师看准了，走对了。

《智慧变革与体育微课堂》是张纪胜老师七年多来微课设计及应用研究成果的结晶。张纪胜老师虽年近六旬，依然葆有对体育教学的情怀，不断充实自己。对国外引进的微课进行深度解析之后，张纪胜老师看到了微课在体育教学中的魅力，将基于微课的翻转课堂称为“中小学体育的金钥匙”，认准了微课在体育教学中必将发挥极大的引领作用。他带领团队借助国家级、省级课题积极研发体育微课，尝试基于微课的翻转课堂应用，并给团队取名为“中小学体育金钥匙团队”。

体育微课是让学生学习的微课。本书不唯技术不作秀，撇开微课制作技术笼套，站在学生的角度直击微课在制作和应用中的实际问题，围绕制作什么样的体育微课，体育微课与其他学科微课有什么区别，如何制作让学生“愿学、会学、学会”的微课，微课学习与课堂学习之间的关系如何确定，基于微课的翻转课堂在体育教学中如何发挥作用等问题进行了深入分析。作者拨开笼罩在体育微课中的层层云雾，让读者带着体育微课中的诸多问题去阅读本书，最终引领读者见到以学生为主体的应用型体育微课的真容。

结合几年来的微课制作实践与思考，张纪胜老师围绕问题剥茧抽丝、披沙拣金，带领团队在微课制作问题上经历了“WK1.0学生学习的微课”到“WK4.0学生学会的微课”四个模型的探索，最终形成了“目标引领、任务驱动、问题导向，导、学、练一体”的任务驱动下的体育微课。本书关注微课在体育教学中的应用，梳理出微课与课堂教学之间的关系，提出“双目标”等一系列基于微课的翻转课堂理论，并通过课堂实践验证了基于微课的翻转课堂在体育教学中的作用。

为了让一线体育教师尽快上手制作优质微课，书中还给出了很多微课设计的模板，包括翻转课堂、智慧课堂教学设计，并配有从幼儿园到高中的微课和翻转课堂、智慧课堂教学课例，以二维码的形式出现，简化了视频获取和观看方式。

本书还结合一体化体育课程建设研究，根据学生认知发展、动作发展、身心发展、动作技术形成规律，对从幼儿园到大学的微课在呈现方式、语言、文字、画面等方面进行细化，提出一系列规范要求，让体育微课更适合学习对象。微课从学生角度研发，著作从教师角度出发，这是张纪胜老师出版这本书的目的所在。

本书倾注着张纪胜老师近年来的大量心血。通过丰富的实证研究，提出的任务驱动下的微课应用模式、一体化体育微课的建构思路与方法以及基于微课的翻转课堂模式均首次对外披露，具有较高的学术价值和应用价值，也代表当前基础教育阶段学校体育信息技术发展的方向。这是本书的价值所在。

纵观国内中小学体育信息化研究发展历程，目前体育微课和基于微课的翻转课堂仍然处于初始阶段，体育信息化研究的道路还很漫长，还需要更多像张纪胜老师一样的体育人参与进来，坚守学校体育教学阵地，坚持学校体育教学研究，致力于体育信息化环境下的中小学体育课堂，在体育教学中让学生更快乐、更健康地成长，拥有体育运动的技能之长。

祝贺张纪胜老师《智慧变革与体育微课堂》一书的出版。

2021年7月

目　录

第一章　学校体育信息化发展

中华人民共和国成立以来，学校体育信息化是从教育技术开始，然后发展为信息技术的。随着信息技术与学校体育教学的融合发展，信息技术在应用方式上不断创新，对学校体育教学的支撑作用日益明显。这期间经历了一系列的变革，进而形成了学校体育信息化。

体育信息技术是服务于体育训练、竞赛和教学等方面的信息技术总和。体育信息技术的研究领域包括了体育教学、运动训练、赛事组织和体育管理等诸多方面。现代体育信息技术涵盖计算机软件和硬件技术、网络数据技术、信息检索技术等多种技术。随着现代体育信息技术的应用向纵深延伸，信息技术与学校体育融合，进一步催生了学校体育信息化的形成。学校体育信息化是指在学校体育教育中普遍运用现代信息技术，开发体育教育资源，优化和服务体育教育的方方面面，培养和提高学生的体育核心素养，促进学校体育教育效果的过程。体育信息化的作用包含三个方面：一是服务于体育教学与学校体育训练的管理，二是服务于教学竞赛与考核，三是直接服务于课堂教学。

按照时间来划分，从中华人民共和国成立初期至今，学校教育经历了电化教育阶段、教育技术阶段和教育信息化阶段。体育信息化的发展进程与其他学科相比尽管有所滞后，但总体发展阶段也大致相同。从学校体育信息化的形成情况来看，在互联网平台支持下的信息技术与学校体育开始整合之时，正是学校体育信息化的形成之日。随着信息技术与学校体育从辅助关系走向不断融合，再向课堂教学创新应用推进，最终实现信息技术与学校体育的深度融合，体育微课及基于微课的翻转课堂是实现体育信息化的重要内容。

第一节 信息技术的发展阶段

一、电化教育阶段

中华人民共和国成立到20世纪90年代初，是我国电化教育的形成与发展期。中华人民共和国成立初期的五六十年代电化教育基本处于缓慢应用阶段。70年代末改革开放以后，电力驱动的媒体在教学中开始应用，电化教学在高校、中小学课堂中广泛推进，特别是在化学、物理、生物等学科应用更多。这个时期是电化教育的黄金时期。电化教育在中小学体育教学中应用很少，在高校也只是应用于理论课，学科教学中只得到少量应用。从学校体育信息化进程来看，其他学科应用的启示是孕育体育信息化的前提，这个阶段可以称作是学校体育信息化发展的萌芽期。

二、教育技术阶段

20世纪70年代中期，随着1994年教育技术学科（AECT）定义的引入和与电化教育的原有内涵及内容的融合，我国电化教育开始跨入一个崭新的历史阶段——教育技术理论的形成和发展阶段，由此产生了借助技术的教育活动。以视、听教育而形成的“多媒体教学”和“多媒体组合教学”应运而生，针对教育类的各种软件也相继出现，网络课程概念开始提出。数字化教学与包含录音、摄影、摄像、幻灯投影等技术的视听教育进入课堂，远程教育、网络教育课程开始用于边远地区的薄弱学校，实现了城乡互动交流，成为均衡教育的一个重要手段。信息技术应用更加广泛，出现了“信息技术教育”和“人工智能教育”的新概念。这个时期体育教学中的教育技术应用也得到同步发展，教育技术从理论课堂开始走向实践课堂，以录音机为主要媒介的音乐播放让体育课更有活力，以音像为主的多媒体教学开始应用到体育教学中。在这个阶段，教育技术的应用还是辅助体育教学。

三、信息化阶段

进入21世纪以后，教育信息技术经过多年的发展与积淀，实现了从量变向质变的转变过程。以网络信息平台为信息传递主要方式的“互联网+教育”推动着教育进入信息技术的快车道，教育信息技术进入快速发展时期。信息技术广泛运用于教学与管理，其应用于学科教学更呈现出飞速发展态势。单向的远程教育被具有双向互动交流功能的在线课堂所取代，课件从简单的幻灯片向具有交互功能的软件变化，网络平台支持下的智慧课堂建设构建了学生互动、合作、自主的学习环境。2011年以后，微课这种全新的视频方式借助互联网的传播，迅速在全国的高等教育、中等教育、初等教育中发散，微课的理论被快速地充实和完善，与之相对应的微课应用也得到了快速的发展。微课在各个学科的教学实践中对教学的促进作用不断得到验证，受到广泛的认可和运用。自此“互联网+教育”兴起，人工智能在教育教学中的应用水平也发展到新的高度。

第二节 体育信息化发展

体育信息化相较于其他学科来说，在信息化管理与信息化教学方面明显滞后，而在体育运动项目测试、体育教学竞赛数据采集与分析、体育信息化器材等方面率先应用。很长一段时间，体育教学与信息化应用的结合出现真空阶段。2015年以后，体育信息化器材和基于微课的翻转课堂开始进入体育教学实践，信息技术由此进入学校体育教学中。

一、体育信息化发展历程

（一）学校体育信息化管理

随着网络信息技术的发展，服务于体育管理的办公、体育竞赛编排、国家体质健康数据测试上报、体育日常管理等多平台的系统软件应运而生。利用大数据的汇聚分析功能，对各项运动数据与指标进行分析，大大提高了数据处理能力，为体育科学施策提供了有效的支撑。同步开发的体育统计方面的应用App，为体育工作提供了很大的灵活性，拓展了更大的空间。学校体育工作随时可做、随地可做，有效地提高了学校体育工作的效率。

（二）体育信息化竞赛设备

2002年起，深圳菲普莱公司的体育信息技术测试器材开始为全国各省份体育高考加试提供专业的设备和服务。2003年，我国首次引入CC芯片计时系统并于当年在2003北京国际马拉松赛上成功使用。2005年，全彩色型网络化终点摄像计时及判读系统广泛应用于体育竞赛田径、游泳等竞时项目。2013年，针对体育健康测试和中考体育项目的跳绳、跳远等同步上传测试设备相继应用。2015年，与大存储BBS同步的BB计时系统在西昌马拉松、长沙马拉松、连云港马拉松等诸多大型比赛中成功运用。这期间以竞赛服务为主要突破口的信息技术器材陆续进入实用阶段，在提高了竞赛成绩的准确性、客观性的同时，也提高了竞赛服务的效率。

信息技术体育器材直接进入课堂、支撑中小学体育教学发端于2018年。当年11月16日，在由中国教育科学研究院主办的大中小幼一体化体育课程建设研究推进会①上，安徽合肥的王豆豆等体育教师分别展示了从幼儿园到高中阶段的基于微课的翻转课堂。课堂上首次运用体育信息化器材“智慧光标”来激发学生的学习兴趣，增强课堂学习的乐趣，促进学生学习能力的提高。

二、微课与体育微课

（一）微课的起源与发展

1.微课的起源

微课最初是从国外传过来的，起源可以追溯到1993年。美国北爱荷华大学的教授LeRoy A.McGrew首先提出60秒有机化学课程，从普及化学知识与概念出发，以科普的视角去构建简短而有效的化学课程，让普通人都能够很容易地了解化学的相关概念及原理，并有效地运用到实际工作与生活中。1995年，英国纳皮尔大学教授Kee提出the One Minute Lecture（简称OML），要求学生根据指定的主题进行一分钟演

① 程榕娟.一体化体育课程让终身体育伴随学生一生.安徽青年报[EB/OL].(2018-11-21)[2021-03-26]，http://epaper. ahyouth. com/paperdetails. php? CurrPeid=1580&CurrSid=14452&newsid=44101.

讲，让学生在掌握专业知识的同时，锻炼逻辑思维能力和知识迁移能力。2008年，美国新墨西哥州圣胡安学院的高级教学设计师David Penrose最先提出较为完整的微课概念①，既运用于在线课程，也用于课程教学。他认为，微课程的应用，不仅丰富了传统课堂的教学形式、提高了学生学习的兴趣，也为学生在线学习、移动学习提供了可能②。

美国的可汗学院创始人萨尔曼·可汗，再次把微课的研究和应用推向一个新的高度。他提出让学生借助网络中录制的微视频在家里学习，把家里学习中的一些疑问带到课堂上，由教师在课堂上指导和解答。这其实就形成了“翻转课堂”的初始模式。可汗学院开始制作的微课时长约10分钟，教师在小黑板上书写，并把解题的过程录制下来，通过网络传播供大家学习。随着慕课（MOOC）的兴起，信息化技术以及基于信息化技术产生的创新教育理念如移动学习、翻转课堂等逐步形成，传统教育教学活动发生了根本性的变革。从教学实践层面来看，这促进了教学方式、教学技术、学习方式的变革。教学资源得到了充分的优化，课堂教学效果和教师素养得到了大幅提升，传统的对教育价值追求的方式得到改变，超越了原先时间、空间、费用上的限制，网络平台使人人均可享受到优质的网络教育资源。

微课进入在我国是在2010至2011年间。资料表明：内蒙古鄂尔多斯东胜区教研中心李玉平、广东省佛山市教育局胡铁生最先对微课进行界定，提出了以微视频为中心的新型教学资源即微课的概念。随后国内研究专家纷纷给微课下定义，微课概念不断丰富和完善。南京师范大学张一春教授在整合我国微课代表人物胡铁生、焦建利以及网络上的微课定义后，经过多次完善，于2016年提出微课的定义：“微课（Micro-lesson）是指以先进的教育思想与教学理念为指导，以使学习者

① 王俊彦.微课程在高校健美操教学中的设计研究[D].西安：西安体育学院，2017：8.

② 李俊.微课在国内教学应用中的误区及建议[J].福建质量管理，2016(4)：224.

获得最佳学习效果为目标，经过精心的信息化教学设计，以视频、动画等形式记录或展示教师围绕某个（某些）知识点（技能点）开展的简短、完整的教学活动。”他对微课做了比较科学的阐述，首先明确了微课是新时代教育思想的载体，以先进的教育思想和教学理念为指导；其次表明了微课是视频及动画形式；再就是明确了微课中包含知识点或技能点；最后确立了微课是教学活动，是一个闭合的“课”。

2. 微课的发展

微课作为信息技术应用于体育教学的一种形式，其发展是伴随着信息技术发展而形成的。2002年之前，人们把信息技术与学科之间的结合称为教育信息技术的“辅助”教学。后来，北京师范大学何克抗教授的研究结论赢得了普遍的认可和赞同。他把信息技术与课程整合的内涵概括为：“所谓信息技术与学科课程的整合，就是通过将信息技术有效地融合于各学科的教学过程来营造一种信息化教学环境，实现一种既能发挥教师主导作用又能充分体现学生主体地位的以‘自主、探究、合作’为特征的教与学方式，从而把学生的主动性、积极性、创造性较充分地发挥出来，使传统的以教师为中心的课堂教学结构发生根本性变革——由教师为中心的课堂结构转变为主导—主体相结合的教学结构。”[①]2012年9月，教育部教师工作司司长许涛首次提出：“教师是教育事业的第一资源，教育创新的关键在教师，教师教育必须要创新，以应对教育信息化的挑战。推动信息技术与教师教育的深度融合是必然选择。”[②]这在国内是首次将信息技术与教育深度融合的概念提出来，进一步确立了信息技术与学科教育之间的紧密关系。微课进入我国不久，信息技术与教育融合的概念应运而生，这与微课在信息技术与教育融合方面的支撑地位是分不开的。

① 何克抗.21世纪以来教育技术理论与实践的发展[J].中小学信息技术教育，2009(1):20.

② 许涛.推动信息技术与教师教育的深度融合[J].教育研究,2012,33(9):124.

微课这种新型的知识传授形式，进入我国后得到迅速推广，专家们纷纷给微课下定义，各种关于微课的文章也相继出现。但实质上国内研究微课的专家很少真正地将微课与教学实践结合起来，缺少对微课在课堂教学实践中的检验，出现从理论到理论的研究方式，进而在微课的定义上缺少权威的说法。很多教育者还没有搞清楚微课是什么的时候，就开始进行微课制作。微课发展在实践过程中“摸着石头过河”，经历了竞赛阶段、应用阶段和有效教学支撑阶段。

（二）体育微课的发展

2014年，在高校慕课的影响下，我国高校的体育学者开始关注体育微课。但许多文章是在现有文献基础上对微课论述的翻版，很少有关于体育微课设计、制作的具体且有可操作性的文章，更谈不上关于微课应用于体育教学实践的论述了。2015年后，在国内教育行政部门组织的各种微课大赛中，体育微课开始出现，但是制作得十分简单，基本上是教师讲解、示范的一小段视频。

近两年来，高校的体育微课出现较多，基本上是服务于大学生自主锻炼的视频，微课质量没有实质性的提升。针对中小学生的微课也应运而生，就质量而言也是参差不齐，优质的微课很难看到。

基础教育阶段的体育微课2011年起在国内的各类微课竞赛活动中相继出现。由于缺少体育微课的范式，制作微课的目的不明确，微课质量参差不齐，差异很大。2015年，笔者领导的安徽合肥经济技术开发区体育信息化团队开始围绕微课的设计、制作与应用进行体系化研究，坚持从学生学习的角度建构微课，在微课的表现形式上提出按学生的认知发展规律制作微课。针对不同水平阶段的学生，微课的呈现方式、语言、文字都有不同要求，如低年级的微课在文字上加拼音。在微课的技能学习上，结合学生年龄特点，以合理的方式呈现技术动作，采用“合理呈现、有效探究、自主学练”的三段法微课制作模式[①]。为解决学生微课学习的主动性问题，研究者所在团队探索出“应用驱动、任务驱动”双轮驱动的微课学习理论[②]。2018年10月，在第九届中国学校体育科学报告大会上，刘海元教授对笔者提出的翻转课堂任务驱动理论给予高度评价。

第三节　学校体育课堂的变革

学校体育课堂是随着学校课程的改变而改变的，其中学校课程的内容和目标设置主要依据“教育理念”和“教育实践”两个部分。因此，学校课堂的变革最终要变的是教育理念和教育实践，而学校体育课堂的变革理所当然变的就是体育课堂的理念和体育教育的实践。自中华人民共和国成立以来，体育教学进行了一系列的变革，首先改变的就是体育学科的教育理念。我国早期的体育教育都是为了竞技比赛而开展的，体育锻炼的目的很明确。这种重竞技而轻身心健康的体育教学理念，很长一段时间影响着体育教学的健康发展和革新。随着国家经济的快速发展，国民的生活水平和生活质量都得到了不同程度的提高，对健康的概念和内容有了新的理解。健康不仅是身体的健康，更是心理的健康。体育教学的重竞技性随着体育教学理念的不断完善而逐渐淡化，以提高身心健康为目的的体育教学逐步走向新时期的舞台。学校体育课堂是为了发展学生的社会适应能力，培养探究合作能力，以终身教育和个性发展给学生带来乐趣和快乐。中华人民共和国成立初期的体育课程结构相对简单，一节课的内容仅围绕一个知识点重复练习，规定哪个年级的学生就上哪个年级的体育课内容，没有利用游戏等教学手段来丰富课程内容，教学课程的设置程序化。这一现

① 张纪胜.中小学体育技能教学微课制作方法[J].中国学校体育，2017(6):50.

② 张纪胜.“双轮驱动”下体育微课的制作与应用[J].体育学刊，2019，26(2):123.

象的出现与当时的信息化教学能力水平低下是分不开的。改革开放以后，国外的信息技术教学理念进入我国，为我国体育教学所接受和应用。经过对体育教学课程结构的创新和整合，我们也形成了多元化、复合型的体育教学课程结构，逐渐适应了现代化体育教育发展。

在没有提出学生是体育课堂的主体概念之前，体育教师就是体育课堂的主要角色，学什么都是由教师来决定的，教师也很少考虑学生学会了没有，忽略了学生在课堂中的主体角色。随着教育理念的革新和人们对体育教学的认识和思考，体育课堂的主体位置发生了根本性的转变，学生是体育课堂主体的观点逐渐成为新时期体育课堂的主要理念。学校体育课堂不再是教师填鸭式教学方法的演练堂，课堂效果的评价标准是学生的学，而不是教师的教，教学过程中的所有因素都是为了学生学习服务的，一堂体育课的价值是由学生的主观感受和学习技能的提高与否来决定的。体育课堂主体角色的变革促进了教学目标的演变，体育课堂更加关心的是学生的情感变化和人格品质。“体”注重的是锻炼身体使其强壮，而“育”是培育人才，育人于智、育人于“人性”。新的教学策略改变了生生互动的局限性，要求体育教师和学生一起学习、师生互动，在授课的过程中教师和学生一起探究、一起合作与学习。

随着教学方法和教学策略的不断转变，翻转课堂给体育课堂带来了全新的教学模式。翻转课堂给体育课堂带来了根本性的变化，要求体育课还课堂给学生，从开始的“学会”发展到“会学”。翻转课堂有效地提高了课堂练习密度[①]，合理安排了练习强度。体育课中的翻转课堂离不开微课短视频的设计，而微课短视频不仅缩短了体育课堂上教师示范所需要的时间，让学生有更多的时间练习，在练习密度上也相应做了调整，体育课的教学效率得以提高。

学校体育课堂的变革经历了教学模式的变革、教学方法的变革、

① 指学生练习时长占课程总时长的比例。

教学课程结构的变革、教学理念的变革、大中小学校体育课程标准的演变等。传统的体育课程，不断更新演化为符合当代我国体育课程要求的高效课堂，现就几个时期我国学校体育课堂的变革阐述如下：

一、新中国的学校体育课堂

中华人民共和国成立后，各项事业蓬勃发展，党和国家高度重视学校体育工作，如何提升学校体育教学质量受到关注。中华人民共和国成立初期，国内学校体育教学工作受西方国家模式的影响颇深，一段时期内我们只是效仿国外的体育教学方式，无法根据国情制定属于自己的体育教学课堂。为了改变这一现象，结合我国国情实际，党和国家制定了一系列政策和法规来着力发展我国的体育教育事业。毛主席非常重视体育工作，于1950年和1951年连续两次写信给当时的教育部部长马叙伦，特别强调各级学校要做到“健康第一，学习第二”。得到领导人的重要指示后，当时的教育部门于1950年制定了《小学体育课程暂行标准（草案）》，初步形成重视培养儿童健康技能和健康生活的教育理念。

1951年，《中央人民政府政务院关于改善各级学校学生健康状况的决定》（下文简称《决定》）出台。《决定》强调把学生身体健康作为学校体育工作的重要内容，把改善各级学校的学生健康状况放到一个新的高度。《决定》提出了一些具体的要求：调整学生日常学习及生活的时间，减轻学生课业学习与社团活动的负担，注重体育、娱乐活动；在体育教学方面，各级学校应该改变原本的体育课堂教学模式；考虑到学生之间的差异性，应该采用多种多样的方式，尽可能地利用体育娱乐的设备，组织学生参加晨操、课间活动、体育运动、体育性娱乐活动和野外活动；各级学校和各地可根据具体情况，举行各级运动会。《决定》借鉴和学习了苏联体育工作开展的内容和方法，尽管仍具有一定的历史局限性，但却改变了中华人民共和国成立前固有的体育课堂教学思想，为之后的学校体育课堂模式的构建和探究奠定了基础。

在教育制度方面，从1951年开始，我国的体育制度主要是沿袭苏联的“劳卫制”。1954年，国家体委颁布了《准备劳动与卫国体育制度暂行条例、暂行项目标准》，确立了我国的体育制度是“劳卫制”。同日《中央人民政府体育运动委员会、高等教育部、教育部、卫生部、中国新民主主义青年团中央委员会、中华全国学生联合会关于在中等以上学校中开展群众性体育运动的联合指示》出台。政策的相继出台，激发了全国大学生和中学生积极参加体育活动的热情，全国性的体育活动由此得以积极开展。当时国家为了促进青少年体育运动的发展，制定了运动项目等级制度，测试的项目种类不多，主要就是田径必考项和体操、球类选测项等，运动员的标准分为一、二、三级，体操类还有健将级等。“劳卫制”主要以技能教育和竞技体育为理论依据，在增强学生体质的基础上，注重提高学生运动技能的掌握和形成，更关注学生发展竞技能力。因此，“劳卫制”能够做到针对不同学生制定不同的运动方案，具有因材施教的特点，满足不同学生学习体育技能的需要，通过此种方法能有效地选拔高水平的运动员。在以后很长一段时间内，“劳卫制”是中国学校开展体育课程的制度依据。“劳卫制”在我国群众性体育的开展、促进青少年体育运动技能的发展和培养我国高水平运动员方面，都曾起到过巨大的作用。随着经济的发展和时代的变迁，1975年国务院颁布实施《国家体育锻炼标准》①后，“劳卫制”逐渐退出了历史舞台。

1956年，教育部颁布了中华人民共和国成立以后的首部《中小学体育教学大纲》。受苏联的体育教育和“学科本位论”理念的影响，大纲确立了学校体育以掌握体育“基本知识”“基本技术”和“基本技能”（即“三基”）为主的指导思想，体育课堂内容以传授体操、田径

① 中国大百科全书·体育[M].北京：中国大百科全书出版社，1982：116.

等知识为主。在体育课堂上，教师主要向学生传授运动技能，形成了以教师为中心的体育课堂教学。

20世纪50年代后期，我国和苏联的关系变得紧张，体育事业的发展也受到了影响。加之三年自然灾害，我国学校体育活动基本停止，学校体育教育的发展一度进入低潮期。为了防止国民体质下降，造成无法弥补的严重后果，国家要求各地以军事训练和生产劳动来替代学校体育课。尽管如此，学校的体育教学无法得到有效实施，青少年身体素质的发展还是未能得到保障。

二、改革开放后的学校课堂变化

改革开放初期，传统的学校体育教学是以传授运动技能为主，几乎没有考虑到学生在运动过程中的心理发展和感受，也没有从学生的实际接受能力出发，只要机械地把动作技术教授给学生，因此就会过于强调运动技术和知识结构。学生在课堂上被动地接受教师运动技能的传授，形成了以教师、教材、课堂为中心的“三中心”教学模式。学生练习运动技术时，无法突破教师对运动技能固有的教法和训练，运动技能的发展逐步走向无人问津的局面。

中国全面推进改革开放后，各项事业逐步恢复，学校体育逐步进入正轨，学校体育事业的发展也迎来了新的历史机遇。中国教育工作者积极学习国外的教育理念，为中国学校教育事业的改进提供了理论依据。1979年，教育部与国家体委、卫生部、团中央四部门在江苏扬州市联合召开了全国学校体育卫生工作经验交流会。会议指出：“衡量学校体育教育工作的根本标准是学生体质的增强。”2008年10月，教育部部长何东昌提出了“以增强体质为主、以普及为主、以经常锻炼为主”三为主的体育教育指导思想。

在此之后，随着改革开放深入推进，国外各种教育理念开始对我国学校体育教育产生影响，学校体育教育改革逐渐开展起来。更加具体的有关学校体育教育的改革措施在不断的学习、讨论和实践中加以完善，学校体育课堂也逐渐走向规范化。国外各种体育教育思想如体质教育、全面教育、终生教育、快乐体育等，虽然国内借鉴后在实施过程中遇到了问题，但对中国体育教育事业还是产生了巨大的影响。19世纪后半期，西方近代教育思想家斯宾塞提出了快乐教育理念。斯宾塞认为教育应该符合儿童身心发展的规律，不应该出现与学生身心发展规律相违背的教育方式和方法。他提倡科学教育、自主教育、快乐和兴趣教育，提倡在教育中做到寓教于乐。他认为兴趣是学习和求知的最大动力，强调学生要在快乐中学习。该学说认为人在体育活动过程中，更加重要的是获得喜悦和快乐，相对而言，体育学习的结果和评价并没有那么重要。快乐体育与传统体育在师生观、教学观上都有着截然不同的表现。快乐体育认为体育教学活动应是快乐的，体育课堂学习应该是追求运动的快乐性。快乐体育所要体现的是学生在体育教学中的主体地位，有效发挥学生的主观能动性，让学生的个性得以发展，激发学生的学习兴趣。学生在学习体育的过程中有较高的热情，身心愉悦，学习效率才能得以提高。快乐体育不仅强调要提高运动技能，还强调思想品德的教育。

相对于传统体育来说，快乐体育特别强调体育技能的学习和掌握、学习成果的评价，强调的是学生在体育活动中的主观感受，具有强烈的主观能动性。虽然这样会导致没有客观的评价标准，无法量化，但是不影响体育教学中总体目标的实现和教学任务的完成。

经济水平的发展带动教育水平的提升。情境教育创始人李吉林提出了情境教育理论体系。情境教学中，教师充分考虑学生的年龄特征和心理差异后，利用多媒体手段等设置生动的形象，让学生在情境中享受乐趣，增强学生的学习兴趣，从而引起学生共鸣。情境教学中，生动形象的情境创设尤为重要。有效的情境创设能激发学生学习兴趣，调动学生的学习积极性，提高学生的学习效率。在情境创设的体育教学实践中，教师利用器械，使用语言或者通过游戏等方式创设情景，从而使学生完成体育课堂学习。此过程中，学生能在课堂体育学习中，培养自身仔细观察、发现问题、提出问题的能力，从而促进自身的全面发展。

三、新课程改革以来学校体育课堂

1965年，法国保罗·朗格朗提出“终身教育”这一概念。终身教育是指人们在一生各阶段当中所受各种教育的总和，是人所受不同类型教育的统一综合。终身教育涵盖人成长的各个阶段和各种形式，其中既包含通常所指的学校教育，又包括各种社会教育，正规的、非正规的教育也涵盖其中。就体育终身教育而言，是从每一个人的需要出发，形成体育知识与技能的储备，在人的各个发展阶段需要的时候以最好的方式提供出来。终身教育的特点是具有终身性、全民性、广泛性和灵活实用性。终身教育概念提出后引起了世界性的关注，许多国家将终身教育列为方针性文件。国外在学校体育教育中开始向学生灌输终身体育思想，主要通过体育锻炼的习惯养成和掌握体育锻炼的技能两方面培养终身体育。苏联在学校体育教育方针中明确指出，学生的体育锻炼要能够独立进行，对于高年级学生要求具备组织比赛和担任竞赛裁判的能力，把学校体育活动作为将来走向社会的储备。学生将来进入社会后也能葆有体育锻炼的好习惯，同时也具备组织社会体育活动的能力。美国在20世纪70年代初期就提出在学校中培养学生终身体育活动的兴趣和能力，学校体育为群众体育和竞技体育奠定基础。

1999年6月，中共中央、国务院召开了改革开放以来的第三次全国教育工作会议，同时发布了《中共中央国务院关于深化教育改革全面推进素质教育的决定》[①]，对现行的基础教育课程体系实施改革，研制和构建面向新世纪的基础教育课程教材体系，提出“健康体魄是青少年为祖国和人民服务的基本前提，是中华民族旺盛生命力的体现。学校教育要树立‘健康第一’的指导思想，切实加强体育工作，使学生掌握基本的运动技能，养成锻炼身体的良好习惯。”2001年，教育部制定并颁布了《全日制义务教育·普通高级中学：体育（1～6年级）·体育与健康（7～12年级）课程标准（实验稿）》[②]，提出学校体育教学“以身体练习为主要手段，以增进中小学生健康为主要目的”。新的体育课程标准，是指导学校体育发展的纲领性文件，从学生的健康、体质技能、能力、认知、兴趣、个性等方面提出了相应的要求，其目的就是要确保健康第一的思想落到实处，使学生健康成长。它标志着我国学校体育的发展迈上了一个新的台阶。

教育部于2001年6月印发了《基础教育课程改革纲要（试行）》（以下简称《纲要》）。经过多次改革，教学的目的也发生变化，从让学生掌握知识、技能，向培养能力和体验运动的乐趣，养成终身锻炼的习惯这一方向发展，为终身体育知识与技能提供储备。

我国的体育课程进行了多次改革，主要是对课程理念、课程指导思想、教学任务和内容、教师的教法和学生的学法等进行了一系列的改革。新课改对学生的整体素质提出了更高的要求，加强了学校体育教学中学生身心发展的健康理念。为了完成新课改的目标，学校体育课堂逐步走向系统化，体育课堂的学习方法由单一趋向多样化，教学手段由直线型向多元化方向发展。为了使学生的体质和心理健康能够得到较好的发展，有效融入当今社会的建设中来，学校体育课程要求

---

① 张玉明.论“全面推进素质教育”的核心和基本思路:学习《中共中央国务院关于深化教育改革全面推进素质教育的决定》[J].思茅师范高等专科学校学报,2002(1):1.

② 潘绍伟.我国基础教育体育(与健康)课程改革发展70年回顾与展望[J].中国学校体育,2019(10):11.

在确保开足体育课程的同时，还要保证学生每天有一个小时体育课外活动时间。

新课改背景下的学校体育课堂，由原本的以教师为中心，逐渐转变为以学生为中心。学生是学习的主体，要激发学生的学习兴趣，强调学生的主观能动性。教学不再是教条式的照本宣读，不再是只关注学生技能的掌握，而是在体育学习的过程中，培养学生学习新知识和合作探究、团体协作的能力，教师在学习的过程中只是起到引导的作用。新课改重视学生个体差异性，提倡学习方式的多样化，评价方法的多样化，更有利于学生掌握体育技能、增强体质，促进学生全面发展，养成学习的好习惯。

四、新时代学校体育课堂

2019年9月10日，继习近平总书记在全国教育大会讲话提出“帮助学生在体育锻炼中享受乐趣、增强体质、健全人格、锤炼意志”之后，国家体育总局、教育部出台《关于深化体教融合促进青少年健康发展意见》，中共中央办公厅、国务院办公厅印发《关于全面加强和改进新时代学校体育工作的意见》以及《教育部办公厅关于进一步加强中小学生体质健康管理工作的通知》等一系列文件。2021年6月，教育部正式发布《〈体育与健康〉教学改革指导纲要（试行）》，以“四位一体”的作为学校体育教学改革目标，为体育教学改革规划了具体的路径。

新时代体育课也称新样态体育课，那么新样态体育课堂将是什么样的呢？主要有以下特征：一是教学形式上的变化。教学向“以学定教”转变，“学、练、赛、评”成为课堂教学主线，“体育选项走班制”将逐步成为常态。二是教学内容的变化。教学内容分为必修必学和必修选学两大类，学生在掌握必要的健康知识和基本运动技能的基础上，集中选学1—2项专项运动技能。三是教学过程的变化。建立“教会、勤练、常赛”一体化系统性教学思路与方式，实现课内学、课外练和赛有效的教学过程，实施全面的、综合的评价机制。四是学习效果的变化。体育课上学生既享受外显的乐趣，更享受到运动潜在的乐趣。学生体质得到有效增强，每位学生都具备一定专项技能水平，“以体育人”全面发展的课堂得以形成。

五、现代信息技术环境下的学校体育课堂

在不同时期，对信息技术概念的内涵和外延的理解和运用都有所不同。笔者比较赞同的概念是：信息技术就是信息的产生、获取、传递、存储、处理和利用的技术，包括信息处理的方法和过程、辅助信息处理的工具手段，以及利用相关工具手段处理信息的技能技巧。现代信息技术环境下的体育教学相对于传统的学校体育教学，发生了翻天覆地的变化。信息技术的发展在我国虽然属于后起，但却是后来者居上，它不仅填补了很多领域的空白，更是建构了这些领域的系统化，为培养新时代高素质人才奠定了坚实的基础。在体育课堂上，信息技术的应用已经不再是初级阶段的简单链接，而是把课件、课例、微视频以及教与学的互动交流等教学手段和理念有机融合，汇于云端加以保存和应用再现，真正实现了教学主体和主导的角色转变，供给学生自主学习的内驱动力，把传统体育课堂教学结构与教学流程彻底颠覆。现代信息技术功能正是这些内驱动力的源能。信息技术环境下的体育教学，可以满足课上课下的学习与交流。教育者可以通过信息化终端向受教育者提供学习资源的链接，通过微课、PPT等视频和课件对受教育者进行三维教学空间的引领，进而扩展教与学的格局，保证教育教学在时间和空间上的最大利用率。现阶段要完善信息化系统可从三

个方面来解决，其一是搜集各方面有关教学的信息来源，其二是利用多种软件高质量处理搜集的信息，其三是对处理后的信息进行存储和推广应用。

载于《中国体育科技》2013年第5期的《我国体育信息化建设现状及对策研究》一文中指出，我国体育信息化功能建设应从“基础层”“系统层”“渠道层”“保障后”进行建设，面临的问题是人员投入力度普遍不够、管理制度完善程度不高、资金管理不规范、资源管理相对滞后、体育信息技术化功能内涵理解有偏差等。载于《学校体育学》2018年第8卷第6期的《初中体育信息技术化课堂教学的困境与突破探讨》一文中认为，初中体育信息化课堂教学的困境主要表现在对信息化教学认识不足，过于注重微课和课件的视觉效果，信息技术化教学等同于多媒体教学。此两篇文章的观点从不同方面论述了体育信息化建设亟待解决的问题，但实质上体育信息化功能主要是驱动课堂教学练习密度的提升和学生自主学习的主动性。

体育教学中的微课、PPT、App等零散的信息技术手段和片段化的教学视频也将会按照资源存储的形式逐步走入大中小学一体化进程和系统化的整合。现阶段我们缺少的不是信息一体化软件的资源数量，更不是信息一体化研究平台的建立。我们应当利用好这些软件和研究平台，通过信息一体化的研究，如喀秋莎、AE、晓黑板等软件的设计，结合不同阶段教学内容的特点，从教与学的思维方式和理念上改变我们以往固化的不利于教学的模式，让学生体会体育课中的“乐、动、会、用”的真谛。

（一）现代信息技术环境下的体育课堂主体角色发生了变革

相对于传统的体育课来说，信息技术环境下的体育课不再由体育教师掌控体育课的内容和学练方法，而是根据体育课教学内容并结合学生对体育项目的偏好设置。体育教师可以依据学生喜欢的内容和方式来进行教学设计，特别是利用信息技术手段制作微视频供学生学习参考。这样不仅解决了教学中的重难点问题，也让体育课堂的主体发生了变化。学生是主体，教师发挥主导作用。在课外学生完全可以通过信息技术中的微视频进行自主学练，替代了体育教学中的讲解示范功能，课堂被真正还给学生，学生真正成为体育课堂的主人。这就提高了学生学习的积极性，培养了学生自我学习体育课程的能力。

（二）信息技术环境下学生的学习方式发生了变革

体育的翻转课堂教学是新时代体育教学的应用模式，是对传统体育教学模式的颠覆。翻转课堂借助信息技术，由此实现了体育教学方式和学习方式的转变。以前的体育教师在讲解重难点时，是通过反复的讲解和示范来完成的，不能够采取区别对待原则来传授运动技能，更谈不上因材施教，忽略了个体差异性，只能够集体纠正。信息技术的运用有效地解决了这些问题。因为学生可利用信息技术手段观看教学内容，并自主进行学练，节省了大量课中的示范、纠正错误时间，从而增加了学生练习的强度和密度。教学方式的改变促使了学习方式也随之改变，主要体现在学生学习的时间和空间上。信息技术让学生可以利用电脑或者手机进行交流和学习。体育教师通过微信群、QQ群或应用平台把学习内容发给学生，让学生在家里学习。学习完以后，学生可通过拍摄视频或照片的方式发给老师，老师就可以在网上纠正学生的错误，这比在课堂上学习更自由更机动，重点和难点可随时观看，随处学练，大大提高了学习的效率。

（三）信息技术环境下练习密度得到大幅度提高

练习密度是评价现代体育课教学的重要指标之一。由于传统的体育课是先教后学，所以一节课上首先解决的是教师教的问题，学生模仿教师的动作就需要很多的时间，课的练习密度能够占到总课时三分之一已经算是高密度了，另外三分之二的时间都是教师的教学时长。信息技术在体育课中的运用，改变了体育课中的这种现象，让体育课的练习密度提升到传统体育课无法达到的高度。由于信息技术下的教学模式带来了学练方式的转变，现在的体育课堂追求的是课堂中的练习密度和强度，发挥学生中体育骨干的带头作用和组织能力。因此，课堂教学有时间通过创设游戏、比赛、娱乐等情境，让学生动起来，按照学生们喜欢的方式进行教学。教师不再需要多次集合学生，可让小组长带领组员进行合作探究式的学练。自2016年以来，合肥经开区教研室借助“体育课程送培送教”活动，采用信息技术环境下翻转课堂的教学模式送教课程，每一次教学活动的练习密度都达到了65%以上。送教给安徽省肥西县大地中学的“健身南拳”和安徽合肥市瑶海区46中学的“足球脚内侧运球”的翻转课堂，其练习密度分别达到73%和75.5%。教学密度的提高，是学生乐于参与到课堂教学中的有力说明。

（四）信息技术环境下体育课堂教学理念发生了变革

体育课堂教学方式的改变还依赖于课堂教学理念的改变。教学理念改变的最终内驱动力，还是教学手段和方法的变革。体育课信息技术的运用对体育教师的要求也越来越高，上好一节体育课要求教师必须具备一定的信息技术能力，教学方法和教学手段的出发点是如何利用信息技术设计好体育课、上好体育课，如何调动学生的积极性，让学生成为课的主体。信息技术指导的教学模式应该是“先学后教、以学定教”，改变学生学习的被动现象，让学生当上课的“主人”。利用信息技术对课堂进行设计时，教师可以选择运动技能好的学生做动作示范，可以根据教学内容激励学生自己动手制作教具等。这些教学模式不仅增强了学生对体育锻炼的自信心，对培养学生在实际学习生活中的合作探究能力也起到了推动作用。

信息技术支持下的体育课教学，为我们带来了崭新的教学理念和教学模式，盘活了新时期的体育课堂，提高了学生的动手能力和合作探究的良好品质，让学生真正做到了“乐、动、会”。

第二章　体育微课的基本概念

第一节　认识体育微课

一、体育微课的概念

微课的概念从微课进入国内起，争议就从来没有停止过，至今也没有一个相对权威的定义。

广东佛山市教研局、有“中国微课创始人”之称的胡铁生给微课下了这样一个定义：微课又名“微课程”，是“微型视频网络课程”的简称。它是以微型教学视频为主要载体，针对某个学科知识点（如重点、难点、疑点、考点等）或教学环节（如学习活动、主题、实验、任务等）而设计开发的一种情景化、支持多种学习方式的在线视频课程资源。胡铁生的定义将微课向前推进了一步，把微课与网络联系在一起，首次提出知识点或教学环节是建构微课的基础，但是仍然定义其为“视频课程资源”。

南京师范大学教授、博士生导师张一春则认为：微课是指以先进的教育思想与教学理念为指导，以使学习者获得最佳学习效果为目标，经过精心的信息化教学设计，以视频、动画等形式记录或展示教师围绕某个（某些）知识点（技能点）开展的简短、完整的教学活动。从张一春教授的定义来看，他是在综合各个专家对微课定义的基础上，确立微课是以先进的教育思想与教育理念为指导的，也就是说微课是先进理念的有效载体，明确了微课是精心的信息化的教学设计。他最终把微课定性为“简短、完整的教学活动”，也说明了微课是完整的“课”，是完整的教学过程。

纵观国内的一些信息化专家给微课下的定义，从表面看，专家们对微课的表述各不相同、各有见解，但是各种表述主要聚焦以下五个元素：一是微课是学生在独立环境下自主学习的过程；二是微课是信息化的设计，不管是视频方式，还是动画效果，都是通过信息化手段来实现的；三是微课是聚焦于某一知识点或技能点而进行的深度学习加工的过程；四是微课是简短的，其最大特点就是“微”字；五是微课是完整的教学活动，是围绕某个知识点而进行的深度学习过程。

体育教学是以学生身体练习为基本手段，以学习体育与健康知识、技能和方法为主要内容。学生通过微课获得体育与健康知识、技能和方法，特别是技能和方法。这是体育与其他学科的微课最大的区别之处。因此，体育微课的概念应该包含技能和方法学习的元素。由于体育微课既有微课的共性特征，又有区别于其他学科的微课个性内容，因此有必要给体育微课一个独立的确切的概念。

到目前为止，在国内尚没有对体育微课概念的权威定义。体育不但要通过微课自主学习，完成知识传授，而且需要将技能和方法通过身体练习形成能力，既有学，也有练，既是知识传授，又有技能练习。以专家提出的微课概念为基础，融入体育教学的特点，体育教学微课的概念应含有以下六个要素：一是以先进的体育教育思想和教学理念为支撑。二是以视频形式来呈现。有些专家在视频后面加上动画，我们认为，动画是视频的一种形式。视频呈现是微课的基本属性，反之，

PPT等课件的呈现方式都不能称作微课。三是精心的信息化设计。微课不是教学片段，也不是某一个教学环节，而是通过视频形式呈现的教学过程。四是围绕某个知识点、技能点或教学环节进行设计。微课是精准的学习活动，知识点不可以多。如果知识点多，聚焦的内容就宽泛了，失去了微课的本质内涵。五是简短、完整的教学活动。体育微课与其他学科有所不同，动作知识与动作技能的传授比较直观，所以时间不可以太长，从学生学习效果来说一般在5分钟左右较好，最多不能超过10分钟，具体要看是否能完成学习目标，是否让学生通过微课能“看懂、弄通、学会”。从许多体育微课课例来看，大部分优质微课都在 5 分钟以内，有些低年级学生微课，或是介绍游戏环节的微课甚至只有 2 分钟的时间。同时，微课呈现的教学活动应按照一定层次和结构，而且是相对完整的。六是自主学习获得最佳效果。自主学习是指学生独立环境下的学习，是要按照一定的学法规律来进行的，同时要达到一定的预期效果，这也是微课目的所在。

综上所述，如果要给体育微课下定义，应该在其他学科阐述微课的基础上，植入体育学科特有的元素，建立一个涵盖体育学科特征的体育微课概念。因此，我们把体育微课定义为：“体育微课”是指以先进的体育教育思想和教学理念为指导，促进学习者获取知识与技能最佳效果为目标，经过精心的信息化教学设计，以视频为主要呈现形式，围绕某个（或2个）知识点、技能点或教学环节开展的精准、简短、完整的自主学练活动。

二、体育微课的特点

通常的学科微课主要是完成知识学习目标，实现对知识的了解、理解和运用。而体育微课除了通常的知识性目标以外，还有运动技能方面的要求。中小学体育教学的微课，既有一般体育微课的属性，又具有中小学体育教学所独有的特点。

（一）微课的“微”

微课的“微”表现在微课本身和知识点、技能点的特征上。微课以短见长，一般是控制在10分钟以内。中小学体育微课更不宜过长，具体时长是由微课内容和学习对象的年龄特征所决定的。

第一，从内容方面看，只要能把所要表达的微课内容呈现清晰，所要探究的方法传递准确，所要练习的内容有效完成即可。从学生观看效果来看，能短则短，能8分钟完成的不需要10分钟，能5分钟讲清楚的不必要8分钟，甚至有的微课不足2分钟，只要完成既定学习与练习目标即可，而且学生乐见短而精的微课。如，游戏方法类的微课，只要把游戏的规则、要求和方法交代清楚，把游戏清晰地演示出来，学生能够通过微课学习并能按照规则要求进行游戏即可。这样的微课一般在1—2分钟，学生能看得清楚，看得明白，能够在体育课中应用，就是好的微课。

第二，学生观看微课持续时间过长，容易产生视觉疲劳，影响观看效果。如果考虑学生的年龄特征，观看对象年龄越大，时间可以稍长，但不宜超过10分钟。反之，年龄越小，时间越短越好。高中阶段的微课一般在8—10分钟为宜，初中5—7分钟为宜，小学则在2—4分钟为宜甚至更短。时长越短，内容越精的微课，学生越喜欢看。

介绍游戏方法微课

幼儿足球微课

第三，微课的“微”还体现在集中于某个知识点、技能点或教学环节上。由于表述内容集中，只要把知能点清晰、明白地表现出来，再对有效的练习活动给予指导，让学生看懂、明白、学会，就能实现微课需要达成的目标。

（二）微课的“精”

微课的“精”源于微课的“微”。要在较短的时间内，将所表达的内容呈现出来，这就需要将微课做“精”做“透”，以较少的时间，获得最大的效果，进而形成高质量的微课。

首先，精于聚焦。微课是聚焦于某个知识点、技能点展开学习活动的。微课的呈现、探究等各个环节，都要求目标明确、结构清晰、内容简明，精准、深度解析所要表达的内容，帮助学生看懂、厘清、学透。

其次，精于文字。微课是进行高效学习的重要媒介，恰当的文字，可以起到说明、强调作用。文字宜少不宜多，紧紧抓住关键词即可。例如正面双手垫球的动作要领，习惯的表述方式是：“两脚自然前后开立，左手或是右手托球于体前。在抛球时……击球时……”，微课则不能如此照搬，要精选文字，甚至可以精选到“插！夹！提拉！”几个文字，再适当标注表示方向的箭头。诸如“教学重点、难点”之类教师参照的文字可不放进去。

再次，精于画面。微课的画面由视频、图片、文字等组成。视频的呈现方式和所达到的目的虽然不同，但能把表达的核心内容反映出来就可以了，切不可冗长，元素要少。通常片头的时间在6—10秒，导入视频一般控制在20秒以内。如介绍短跑的微课，只要截取上道、起跑、冲刺这一段视频即可，上道前的活动和冲刺后活动不需要收录。视频的截取一定要敢下剪子，把精彩瞬间留下来，还要精选图片，要有与微课知识点、技能点密切相关的内容。

片头与导入

最后，精于语言。微课的语言要力求“说到、点到、做到”，既不可多说，又不可不说。关键的内容需要语言表达的不能漏，有些视频和画面能直观看到的只需点到。最好用贴近学生的交流语言，比如“与肩同宽”与“两手距离与肩部宽度相同”相比，显然后者语言学生容易接受。语言表述应尽可能口语化，少用专业性语言，让学生更容易接受。

（三）微课的“技”

要将体育教学中的动作通过微课呈现出来，如果仅仅利用画面很难得到应有的学习效果，巧妙地运用信息技术来解决动作呈现的问题是微课重要的手法。

第一，动画用“技”。用微课呈现动作时，适当动画的运用十分重要。路径变化的动画可以直观地表现移动的路线和方向，如短跑“蹲踞式起跑——各就位”的脚步丈量，用路径变化的动画就能准确表述脚与起跑线的位置；用动画的擦除功能表现“足球脚内侧运球”的推压过程，能巧妙地把推压的动作呈现出来。

“蹲踞式起跑——各就位”的脚步丈量

“足球脚内侧运球”的推压过程

第二，视频用“技”。微课的主要表现形式是视频，巧妙地利用视频的功能来完成对动作的支撑，可取得事半功倍的效果。视频呈现可使用聚焦、分屏、慢放、快放等功能，与内容结合在一起，达到较好的呈现效果。如介绍“足球左右脚运球”时，可以分屏呈现左、右脚的动作；呈现“背越式跳高过杆”技术时，可以采用分帧技术或慢放技术，把过杆时的动作一一分解出来，让学生直观感受过杆时的动作要领；呈现“武术抱拳礼”可采用聚焦的方法，将镜头由远拉近，让学生清晰地观察到抱拳时手、指的动作细节。

分屏呈现

“武术抱拳礼”微课

第三，特殊用“技”。微课讲究学生学练的有效性，不可炫“技”，但特殊技法的恰当运用，能获得意想不到的效果。如快速的手绘动作，能更好地吸引学生的兴趣。再比如采用卡通画技法，接近学生的认知能力，使得学生很容易接受和参与。还有采用flash动画，能对动作方向变化进行直观的呈现，让学生更直观地感受动作变化的规律。因此，适当利用特技效果，可有效地激发学生的兴趣，帮助学生对动作技能理解与学习。

手绘动作微课

卡通画技法微课

微课的用“技”，一定要根据微课的内容和观看对象来确定。无论采取什么样的技法，都要围绕学生的看懂、学会来进行，千万不可滥用技术，生搬硬套。

（四）微课的“全”

微课以微见长，需在短短的微课中实现教与学的功能，完成知识和技能的传授。但微课之所以称之为“课”，就是有“课”的属性，具备“课”教与学的完整环节。

首先，结构“全”。不能因为微课的时间短而误以为微课就是教学过程中的一个片段。其实，微课是一个教学的“小环境”，有一个相对完整的教学结构。微课中有吸引兴趣的视频导入，有动作方法的具体呈现，有探究动作规律的问题提出，更有自主学练的方法和要求。最后还会要求学生提交自主学练视频，老师通过视频来了解学生的学习效果。

其次，教学“全”。微课的“教”不能简单理解为教师传统的教，而是通过视频呈现体育的知识和技能。如传授“排球正面下手发球动作”时，是通过技术对下手发球的抛球、击球等动作方法分别呈现，从而让学习者了解下手发球动作“是什么”；通过对问题的探究，解决下手发球动作中的“为什么”。根据动作技能形成的规律，教师要设计合理的学练方法，然后进行有效的学练指导，让学习者独立按照相应步骤自主学练，从而解决“怎么做”的问题。

“全”是微课的显著特征。正确理解微课的结构，理解微课所运用的教法与学法，可为把握微课制作的方向，确定微课基本框架结构，解决微课知识、技能呈现方式等提供有效的理论支撑。

（五）体育微课的“练”

体育微课除了基础知识学习以外，更包含着动作技能的学习。体育动作技能的学习不但要通过微课了解体育动作方法，还要进行动作技能的练习活动。学生可以线上通过微课学习体育基础知识与练习方法，线下进行自主学练，这种线上线下相结合的学练模式，是体育微课独有的属性，也是体育微课区别于其他学科微课的重要标志。

学生自主学练视频

综上所述，体育微课有其独特性。丰富的内容和技术表现形式，在提高学生学习兴趣的同时，更容易激发学生学练的积极性，有效地培养学生的自主学习能力。

三、体育微课的分类

（一）微课的主要分类方法

研究者基于微课的某个属性，形成了多种不同的分类方法。把这些分类方法进行梳理之后，发现主要集中在以下几种：

第一种是按教学方法分类，分为讲授类微课、讨论类微课、启发类微课、演示类微课、练习类微课、实验类微课、表演类微课、自主学习类微课、合作学习类微课等。但一节微课中运用的教学方法通常不止一种，也不完全以一种方法为主，且很难区别教学方法的主次。因此，这种以教学方法为依据的分类方法有一定的局限性。如，体育微课既有练习，也有演示和表演，这些方法都出现在微课上，那么这种分类显然不合理。

第二种是按照教学环节来分，分为复习类微课、导入类微课、理解类微课、练习类微课、拓展性微课等。体育与健康基础知识微课可以适用上述分类，而体育与健康动作技能微课则不仅仅有上述环节，也有任务单学习、探究学习、自主学习等多个环节。因此，这种分类不能涵盖所有微课。

第三种是按照技术方式来分类，分为PPT类微课、录屏类微课、电子白板类微课、录像类微课、快课类微课、剧情类微课等。大多数微课的技术应用是综合的，是各种技术的组合体。例如录屏类微课，其中可以有PPT制作的片头，也可能有视频内容。以一种技术来定性微课的类型，往往不能反映微课的本质。体育微课在技术上更为复杂，综合技术应用比较常见，因此，技术分类方法对于体育微课分类也不太适用。

综上所述，很多微课，无论是教学方法还是技术手段，都不是单一的，或多或少存在着交叉。

（二）体育微课的分类

体育课分为理论课和实践课，用于理论课的微课基本上与其他知识传授型微课特点相似，可以称为“体育与健康基础知识微课”，而用于技能学习的微课应根据体育实践课的特点进行合理分类，我们统称为“体育与健康动作技能微课”。由于体育与健康基础知识微课与其他学科的微课较为类似，本书主要讨论的是体育与健康动作技能微课。

体育微课采用的教学方法是综合的，应用的手段与方法比较多，教学环节也相对固定，微课分类类型交叉问题比较突出，很难说某个微课就属于哪种类型。如果按照教学方法来分，一节微课中可能同时包含着讲授类、启发类、自主学习类等多种类型，确定为哪一种类型都不合适，可见按教学方法分类显然不准确；如果按照技术方式来分，很多微课也是多重技术的结合体，既有录像，又有录屏，还会有动画、白板等技术，甚至还有卡通、手绘等技术手法，显然技术方式分类在体育教学微课分类中也不妥。

以上两种分类方法不适合体育微课的分类，那么按教学环节来分类是否可行呢？其实，各学科课堂教学的环节与体育教学环节有着较大的不同，而且体育微课的应用方式也与其他学科教学也有较大的区别。同样，按教学环节来进行分类也不适合。

所以，其他学科微课的分类方法很难体现体育微课的特点。制作微课要服务于体育教学，那么以微课应用于体育课堂的时间顺序进行分类，在没有更好的分类方法之前，也不失为比较妥当的分类方法了。

体育微课如果按照微课在体育课上的应用时间来分的话，就十分简单，总的可分为两大类：教学应用类和独立学习类。

教学应用类微课可以分为课前微课、课中微课和课后微课。其中，课前微课按照应用性质来分，可以分为课前预习型微课和课前学习型微课。课前预习型的微课主要是以让学生了解为主，对体育基础知识、动作与方法进行初步了解，实际上是对体育知识的提前学习。课前学习型微课，既有知识传授，又有技能学练，因此一般用于基于微课的翻转课堂教学，即课前通过微课在了解体育基础知识和动作方法的基础上，进行自主学练。

课中微课主要是指课堂教学中供学生自主学练使用的微课。在实际应用中，这类微课一般呈现的是体育动作的片段，有知识的传递，也有体育技能知识的再理解。

课后微课有两种：一种用于知识的巩固与强化。在实践课教学中，有些内容需要通过微课来强化，加深对动作知识的理解与巩固。另一种用于体育知识的延伸与拓展。课后微课一般是通过体育家庭作业来实现的。如“排球的发球”课后，可以制作排球位置轮换方法的微课，拓宽学生视野，增长排球知识，培养学生学习排球的兴趣。

独立学习类微课主要指微课不与课堂教学相联系，是单独学习某个动作技能或相关知识的微课，这类微课适合指导学生自主锻炼活动。如：跳绳的“两脚依次跳”微课中，学生的学习活动不与课堂教学关联，是以把这个动作学会为最终目的。

体育微课的分类是由体育教学的特点和体育微课的内容所决定的。

分类的最终目的是帮助人们在应用过程中对微课进行合理归纳。科学、简单的分类方法有利于准确地表达该类微课的效果，提高微课应用于教学的效率。

第二节　体育微课的设计

体育教学不但需要传授体育基础知识，还要学习动作技能与方法，需要一定的身体练习。体育微课一般以视频为呈现方式，通过网络媒介发送给学生。在设计上，首先要满足学生的学习需求，制作的微课要以学生可学、会学、学会为出发点，同时微课要与课堂教学相衔接。

一、视频给学习带来的变化

学习最原始的方式应该是口口相传了。文字和纸张出现以后，读书成为人们学习的一种重要形式，借助书籍系统学习成为主要的学习手段。广播出现后开始了听觉学习的学习方式，随之出现的通过广播讲座的学习活动初步改变了人们的学习方式，但是这种学习方式仅仅被称作辅助学习。随后，电视的出现为视频学习提供了可能。多种感官的交互作用扩大了人们的信息接收渠道。视听学习最大的优势是跨越了时间与空间的限制，人们学习的机动性更强，学习方式也有了更多选择。而以微课为典型的短视频学习自进入我国之后，在教育行业发展迅猛，也影响了传统的学习方式。

二、基于互联网的发展

我们所指的视频学习最早是借助电视进行学习。但电视学习必须在规定时间学习规定内容，学习时间一旦错过，很难得到补偿。其优点就是通过电视能够让更多人获得学习的机会，其缺点是限制了学习者的自主选择范围，学习内容也不可任意复制。

进入互联网时代，网络媒介成为微课传播的主要载体。人们通过网络完成学习，不受时间、空间的限制，从而实现“时时可学、处处可学、人人可学”的学习环境。很多优质课例被放到网络平台上，让全社会共享优质资源，也可以促进教育公平。国家公共资源教育平台的“一师一优课”就是这样的典型范例。但这种方式同样存在着一定的问题，因为这类网络学习要求学习者花上40分钟左右的时间观看一堂课，长时间的视频学习会让人产生视觉疲劳，很难坚持将内容看完，学习效果大打折扣。而微课正好弥补了长时间视频学习的不足，其学习活动一般在10分钟左右，甚至5分钟左右。微课学习的内容也更精准，针对某一知识点或技能点进行深度挖掘，说懂搞透。这也确立了微课的优势，奠定了其风靡全国、深受学习者喜爱的基础。互联网学习的最大特点就是个性化学习程度非常高，传统的“课”的概念在现实中被不断改变，上课下课时间对网络学习来说已经不复存在。学习者以问题为中心、以个人需要为中心，打破了原来的学科知识体系，构建个性化的、有利于问题解决的知识结构，学习方式也从集中学习转化为个体学习。

互联网学习带来的是一系列教与学的变化，传统的教学方式发生重大改变。强大的互联网定向推送能力还会将对象关注的知识精准地推送到用户的面前，让用户体验到互联网学习带来的极大便利。各种教与学活动都可以依靠互联网平台来实施。教师通过互联网发布视频，学生在互联网上学习，各类信息经过整合后在互联网上流动，知识在互联网上构成体系，线上线下的活动互为补充。

2020年初，新冠疫情催生了全国性的互联网学习。网络学习以其特有的优势，让原本线下交流学习的不可能演变为线上互动学习的主阵地，愈发彰显互联网学习的优势。

三、基于学生的需求

进入21世纪以后，微视频已经成为人们获取知识的又一渠道，学生也愿意选择视频学习。我们认为视频学习与文字学习各有优势，视频学习的优势在于：一是视频学习是通过视觉、听觉交互感知信息的，信息容易被大脑接收；二是视频学习是多器官共同作用，相对来说不容易疲劳；三是视频学习是动态的，更容易激发学习者的兴趣。但文字学习的也有视频学习难以达到的优势，主要是视频学习往往给学习者思考的空间与时间不多，而读书更容易让学习者有足够的时间与更大的空间思考。

随着教育信息技术的发展，简单、便捷、快速的视听交互学习成为青少年学习的又一选择，他们根据自我需求提出了更多更广泛的要求。教师教什么就学什么的已经不完全为年轻人所认同，以兴趣为主导的学习开始出现。学什么与学会什么，开始向“我学习、我做主”的方向转变。在这种情况下，学生的学习需求导致视频学习内容的变化。微课不仅仅是新时代学习方式的标签，更是知识学习的主要载体。微课的内容也是结合学生知识获取和技能练习的需求来形成的。

目前为了深度学习而制作的微课，不再是简单的视频讲解，也不是课堂教学的翻版，而是围绕学生知识与技能获取需求建构的学生“可学、会学、学会”微课。体育微课结合学生的认知发展水平和动作技能形成规律，运用“微、精、技、全、练”的特有功能，建构了学生“看得懂、理得透、学得会”的课程。

四、基于体育课堂的需求

微课的发展速度飞快，当人们还不明白什么是微课的时候，就开始应用微课了，缺乏时间沉淀的微课难免会被贴上“粗制滥造”的标签。2010年起，很多微课研究领域的专家通过举办一系列的竞赛活动，让人们倾注大量精力制作为了竞赛的微课，在微课的起步阶段确实起着积极的作用。但回头看来，这其中很大一部分微课是没有根基的，其原因就是制作者不知道为什么而用，在什么地方用。当时的微课，我们认为是为应“赛”而作的。显然，赛不是最终目的，也不能完全解决知识与技能学习问题，微课怎么用的问题很长时间也没能理出头绪。其实，归根结底就是要搞明白微课是为谁而用。确定微课的应用主体，就确定了微课的方向。微课的最终落脚点应该是为了学生的“学”。因此，怎么学？怎么用？是微课最需解决的问题。

微课因其内容精短、指向集中而深受学习者的青睐，但碎片化的学习方式是微课的优势，同时也是一个重要弊端。随着微课的发展，基于微课的翻转课堂开始出现，这种课堂教学形式，赋予了微课特定功能，那就是承载基础知识传授和基本技能初步练习的功能。这似乎给微课“拴”了一根线，让微课不再信马由缰地发展，而是围绕课堂教学给予的功能定位来实施。由此看来，微课主要发挥了课堂前置学习和练习的功能。那么课堂教学需要什么样的微课呢？我们都知道，目前我国的中小学课堂是以知识传授为主，而知识传授的最直接方式就是讲授，至于对学生的综合能力、核心素养的培养，要想在课堂上有限的学习时间内做到面面俱到是很难的。微课的引入给了人们一个重要的启示，那就是把教师在课堂上的教转变为学生在课下自主学的过程，课堂上教师则有更多的时间让学生结合习得的知识去应用、去拓展、去创造。

如果说萨尔曼的智慧和网络的传输催生了微课，让网络学习更加有效，那么基于微课的翻转课堂，则赋予微课持续生存的价值。微课的功能转化，意味着微课的用途在不断扩展，服务课堂教学的作用更加明显。体育教学中的微课同样如此。微课为学生的课堂学习打好了基础，优化了体育课堂上的讲解、示范环节，让学生在体育课堂上真正成为主人。体育课堂的变革呼唤着微课的质量提升，不断要求微课的结构更优化，呈现方式更合理，对运动技能的应用有更深度地探索，使自主学练的内容更符合教学实际。因此，以课堂教学的需求去建构微课是体育微课制作的必然要求，这样的微课才更适合学生学习，且与课堂教学互为补充，可以大大提高课堂教学的效率。

第三节　体育微课设计方法

一、体育微课为什么要设计

很多人可能认为，体育微课就是拍一段视频让学生观看，不需要用心去设计。不少体育微课就是一段教师讲解示范的视频，还有的就是结合 PPT 讲解。其实这是对微课的误读误解，没有把微课的属性和功能搞清楚，把带有信息化特征、内涵丰富的微课，当作体育课中视频教学的替代品。体育微课承载着体育健康基础知识学习与体育与健康运动技能学习的双重功能，催生着教师“教”与学生“学”方式的转变。优质的微课是需要精心雕琢，细细打磨的。

首先，微课本质上是一个“课”，包含着“教”与“学”的完整过程。既然有教有学，那么就要寻求最佳的“教”和最适合学生“学”的方案。这种方案需要一系列的呈现过程，而不仅是录一段教学视频那么简单。要想让学生获得最佳的学习效果，单向的传授肯定是不行的，而应采取多向的、互动的学习方式，让学生能够主动去学习，主动围绕微课展开有效的学习活动。其次，微课一般是介绍某个知识点或技能点，要理清说透这个知识点，让技能点有效地被掌握，如果不遵循认知发展规律和动作形成规律，那也无法让学生获得体育知识和动作技能，这就有必要对知识点与技能点进行深度加工。最后，由于微课学习多是自主学习，学生只能自主纠错、自主矫正。如何能让学生有效学习到知识和技能，就需要寻求自主学练和正确指导的最佳结合方式。

此外，微课经过设计会更好地体现其目的性，使微课呈现方式更合理、探究问题更准确、动作技能传授更有效，高质量的体育微课会让学习效果得到有效的提升。

二、设计什么样的体育微课

微课不是课堂教学的翻版，更不是体育课讲解示范的重现。微课强调的“学”当为首要，“练”是重点。因此，要设计高质量的微课，让学生学得懂、学得会，需要给微课一个合理的定位。现今的教学要求搭建微课的学习支架，建构一个符合认知规律的体育微课，通过微课将体育与健康基础知识和运动技能呈现清楚，采取必要的方式促使学生主动学习。

（一）“学”和“练”的微课

1.从学生“学”的角度优化微课

在很长一段时间，体育微课都是围绕参赛的需求来制作的。体育微课观看的对象是学生，是为学生服务的，那么如何优化微课才能让学生更好地学习呢？首先，微课的内容学生需要学会。内容不同，制作的方式也不相同，但许多技能学习的内容由于受到场地、器材、安全的限制，只能从知识的层面建构。其次，微课的形式也是多种多样的，应该考虑学生的认知发展和动作发展规律，也就是要满足不同年龄段学生的需求。低年级与高年级学生差异很大，相应的学习方式也要做较大的改变。此外，优化微课还有很多必备技巧，其中微课的语言、文字、画面等同样要符合学生的需求。不同年龄阶段的学生视频学习的“口味”不同，那就需要用适合的语言、文字和画面，调制出适应学生的微课。不是说微课只要符合学生的认知发展和动作发展规律，学生就能够学会，还需要施加必要的手段，让学生“能学、会学、学会”。

2.从学生“练”的角度设计微课

自主学练是体育微课区别于其他学科微课的显著特征，体育微课的“练”是掌握体育动作技能的根本手段，因此对“练”的内容选择、练习方法、练习环境和效果等诸方面都需要综合考虑，从而实现学生的“可练、会练、练会”。

（1）学练内容的选择性。理论上说所有的体育与健康的基础知识和运动技能都可以通过微课来呈现，但是，如果就可供自主学练的微课来说，不是所有的体育项目都适宜于制作成微课。体育运动项目类型繁多、形式多样，在练习时会受到诸多条件的限制。例如田径中的投掷项目就存在一定的安全隐患，而技巧项目和体操中的单杠、双杠则需要在一定的保护与帮助下才能练习。还有相当一部分项目除了受到安全因素的限制之外，还会受到场地、器材设施的影响，如游泳项目、田径中的跳高等。因此，自主学练的体育微课呈现的应该是可练、能练的项目，是有一定选择性的。

（2）练习方法的多样性。体育微课中的自主学练学法形式各不相同，根据动作技能特点可以先对动作逐个进行学习，然后合并动作进行练习。对于有递进关系的练习内容，则采取先易后难、先简单后复杂的循序渐进的方法。对于不易分解的连续性动作，则采取先掌握基本动作，再提高动作要求方法。无论采取何种学练的方法，都要以方便学生练习，有利于学生习得体育动作技能为目的，从而达到最佳的学练效果。

（3）练习环境的适宜性。微课学习是独立自主的学习活动，体育微课还对学习环境有更高的要求。单是武术动作的微课学练，一块场地就可以了，但如果是武术的器械项目，还要有器械的支持。徒手操类的自主学练，需要相应的音乐播放条件和场地。球类的自主学练，球及与该项目相关的球拍、球网或替代器材也是要有的。总之，微课学习要有与项目内容匹配的环境和器械，从而保证微课学习的有效性。

（4）练习效果的显著性。体育微课的最终目的是让学生掌握知识和技能，因此，练习的效果是检验微课学习的重要指标。微课的练习效果与微课学习的内容有很大的关系。如果微课的学习内容相对简单，学生简单模仿就可以达到理想效果，如武术的“抱拳礼”动作。在了解拳、掌后，将拳与掌组合就可以完成动作了，且容易达到预期效果。难度较大的动作就要化繁为简，如武术的“穿掌”，涉及穿掌的路线、手型变换、步伐的协调配合等，还要配以劲力和精气神。对于这样较复杂的动作，微课学练阶段只要让学生能够掌握动作路线与方法就可以了，精细部分则由课堂来解决。此外，如果微课学习是为课堂学习作铺垫，则学练的效果定位在学习基本动作技能上；如果微课学习是对课堂教学的强化，则学练的效果定位在动作的熟练性上。

（二）微课的设计定位

1.以应用需求确立微课方向

微课是为了学生的学习服务的，制作什么样的微课，需要看微课具体用在什么地方，承载什么任务，担任什么角色。这里讲的微课主要是服务于中小学生学习的微课，是为体育课堂教学服务的微课。从传授的内容来看，有以知识传授为主的体育与健康基础知识微课和以技能学习为主的体育与健康动作技能微课。从承担的功能来看，又有课前预习的微课、课中学习的微课以及课后知识延伸和拓展的微课。因此，应以该微课具体怎么用确立制作方向。

2. 以任务分配给微课定位

微课在不同需求下承载的任务有所不同，也促使微课的服务对象和效果有所不同。体育与健康基础知识微课主要是让学生完成知识学习的任务，因此，这类体育微课主要是为基础知识传授服务的，微课的任务定位于知识的学习。而体育与健康动作技能微课，则要在传授体育动作知识的基础上，进行技能方法的指导，并且让学生进行简单的练习，这样的微课既要完成知识传授的任务，又要实现自主学练的任务，因此，这类微课的任务定位于知识传授与技能学习。如果从微课的服务对象来看，大中小幼不同阶段的学生，需要完成的任务有明显差异。比如幼儿及低年级段的学生主要是对基础知识的学习，对技能要求不高，微课主要是基础知识和技能的简单介绍。随着年龄的增长，学生认知发展和动作发展也发生了变化，微课学习任务的重心逐渐向强化动作技能方面转化，微课的定位也应作相应的变化。

3. 以学习内容确立微课的结构

围绕学生对知识的习得和技能的体验，要达到“看得懂、理得透、学得会”的效果，微课在建构时要考虑以什么样的方式进行知识的传授，以什么样的方式让学生理解知识并应用，以什么样的方式发现和解决问题，以什么样的方式来完成技能学习，因此需要围绕学习的内容确定微课相应的结构。体育与健康基础知识微课的结构与其他学科的没有太大的区别，体育与健康动作技能微课的结构则要根据技能的习得途径来确定结构。在获得体育知识方面可以采用视频呈现的方法，再围绕知识与方法提出问题展开思考，而技能的最终习得则需要采取有效的教与练的方法来实现。

（三）体育微课的基本框架

体育微课承载着体育基础知识学习和体育动作技能练习的双重任务，也是体育微课的两个重要环节，与其相对应的是如何传授知识、厘清弄懂动作机制、提供动作技能的学习流程与方法。因此，我们以这三个过程为基础对微课的学习环节进行结构化，搭建体育微课学习的基本框架。

1.建构体育微课的依据

建构符合学生认知需求的微课，是微课制作必须解决的问题。

（1）让学生看得懂。微课观看的主体是学生，让学生看得懂是微课的基本要求。如何让学生看得懂？设计微课前要认真分析动作要领，结合动作的特点，运用合理的技术手段，制作符合学生认知规律的微课。如“跨越式跳高——过杆”动作，学生直接观看教师示范，对过杆动作看多少遍都不一定能看得清楚、看得明白，这是因为过杆动作很快，学生很难看到清晰、准确的动作要领。在微课制作中，可以进行必要的技术处理，对视频中的过杆动作采取慢放技术，甚至逐帧播放，让学生清晰地看到摆动腿、踏跳腿过杆的先后次序和动作方法。再比如，在“健身长拳——穿掌”的微课制作中，用箭头标明动作路线，采用慢放的方法来呈现上肢、下肢动作路线，让学生通过微课直观了解动作。合理的技术手段，可以帮助呈现动作要领，达到让学生一看就懂的目的。

（2）让学生理解透。体育教学中每个动作都有其动作形成规律，充分了解规律、理解规律直至合理地利用规律，是帮助学生快速掌握动作方法的一个重要条件，也是微课与体育课堂教学深度融合的一个重要标志。在“排球正面上手发球”的微课设计中，可以把“击球”作为探究点，提出“击球的什么部位合理”这一问题。教师可制作一组动画，一是击球中上部，观察球的飞行轨迹：直接向下，过不了网；

二是击球中部，观察球的飞行轨迹：直线飞行，直接落网；三是击球中下部，观察球的飞行轨迹：弧形飞行，从网上飞过。教师让学生观察后得出结论和原因，学生带着问题思考，在体育课堂上回答和交流。在传统体育课中很难观察到击球部位与飞行效果的过程，通过微课不但可以让学生清楚地观察到，并能探究其规律。这样可以帮助学生释疑解惑，激发学习兴趣，让学生在理解中学，增进对体育知识的理解。

慢动作技术

击球位置探究视频

（3）让学生学得会。利用微课促进学生自主学练是微课学习阶段的核心内容。教师在制作微课前，要对体育教学内容进行深入的研究，要按照动作形成规律来研究学法，制定自主学练策略。譬如在设计微课“排球正面上手发球”的持球与抛球练习时，先让学生对照微视频进行持球练习，然后再进行向上抛球体验，寻找最佳高度，体验抛球如何才能稳，最后再通过反复抛球练习增强动作的熟练度。另外，教师还要在学法上给予指导，在微课的呈现中设置参照物并标出抛球的合理高度再让学生进行练习，从而达到抛球稳的效果。

2. 体育与健康动作技能微课的“三段法”[①]

综上所述，体育与健康动作技能微课的核心学习内容为动作知识学习、动作知识探究和动作技能练习三部分，为此笔者将该类微课的三个重要环节称为“三段法”。基于“三段法”的微课设计能够有效地帮助学生实现自主学习的目标，让学生通过微课学习，了解动作方法和要领，理解动作技能的规律，掌握动作技能。

（1）“三段法”微课结构。应用于翻转课堂的微课，由于动作技能

① 因体育与健康基础知识微课与其他学科微课无异，本章不特别讨论。

教学内容的自身特点，需要学习者通过微课完成“弄懂、理透、学会”三个目的。这就要求微课设计时，围绕这三个目的生成微课的基本结构，提炼出微课“三段法”制作模式。

第一段：动作呈现。呈现动作要领目的是让学生了解动作知识，看懂动作方法，有效地传授动作知识。微课可采用多种视听方法来解读动作，让学生获得直观的动作表象。如，“跨越式跳高”的过杆动作可采取视频分帧播放的形式，让学生仔细观察过杆时的身体姿态和摆动腿、起跳腿等一连串动作，从而建构一个正确的动作表象。动作呈现不同于动作示范，也不同于动作的重现，而是对动作方法的有效解读，与体育课中的讲解示范既有相似的地方，更有不同的地方，那就是运用信息技术实现对动作进行有效呈现。

蹲踞式起跑量步的呈现

足球技术的呈现

第二段：探究规律。这个环节是教师通过提出具体的问题或设计探究情境，引导学生围绕动作本身规律进行探究，以加深学生对动作规律的理解。教师可以不在微视频中直接给出问题答案，而是让学生有足够的思考时间，带着问题回到课堂。微课中提出探究的问题是对技能点的深度理解，是动作技能的核心部分，也是动作技能的重点和难点。如，“跨越式跳高”中对过杆的探究问题可以是“观察摆动过杆时腿部旋转的位置与方向”，主要目的是引导学生重点关注过杆时的腿部动作，加深对过杆动作的理解。此外，探究的问题要精准，不能太宽泛，如果提出“跨越式跳高是怎样过杆的”这样的问题，对于学生来说不太好回答。再就是提出的问题要适合学习者的认知水平，太浅显了学生不能开动脑筋，太深奥了学生无法探究。因此，探究的内容和提出的问题要有利于学生对动作知识的深度理解。

第三段：自主学练。自主学练环节是体育微课的重要部分。微课的主要目标是通过自主学练实现的。自主学练的内容根据项目不同而不同，学练的方法也各有不同。这个阶段是学生根据微课的学练步骤与要求进行的练习活动，是学生独立进行的练习活动。除了微课的具体练习要求外，没有其他影响练习的因素了，这就要求学生提高自主练习动作能力和自我纠错能力。所以，在微课呈现中不能简单地将动作练习进行分解，而要根据动作技能的特点，降低练习难度，增加动作学习的趣味性，让学生在自主练习中享受运动的乐趣。本环节教师在研究教材教法的基础上，应考虑学生自主学习的效果，最后进行综合练习。在指导练习的过程中要明确每个动作的完成质量和练习次数，采用有效的学法指导，帮助学生完成自主学练。

微课“三段法”遵循体育与健康动作技能微课学习的基本规律，可有效地达成微课自主学练阶段的目标任务。以“八年级排球——正面上手发球”基于微课的翻转课堂教学实践为例进行分析，从收集到的数据来看，基于“三段法”模式制作的微课更能促进学生有效学习，其中观看微课并进行自主学练的学生达93.2%，通过自主学练初步掌握动作要领的达83.7%。

（2）体育微课的学习。应用于翻转课堂的微课，要求学生通过观看微课，独立自主地完成学练过程。要让学生主动地学练，必须设置明确的目标任务，以任务的完成来促使学生进行自主学练。例如观看微课“健身南拳”时，教师先下达任务，即学会抱拳礼、起势、双架桥等动作，要求学生会用抱拳礼这个动作进行以“礼”会友，对照视频熟练地做起势动作和双架桥动作，理解抱拳含义和双架桥攻防含义，随后要求学生发送学练动作的微视频，以此察看学生的微课学习效果。体育微课的学练效果是通过学生练习效果来体现的，学生学练成果有两种方式来收集：第一种叫课中收集。收集学生在课堂上的展示，这种方式对于体育课来说直接有效，便于与课堂教学内容有机结合起来。但是，这种方式也存在着弊端，很难保证学生都能按要求进行自主学练。第二种是微视频收集。让家长录制学生学练微视频，发送给老师或者通过平台上传，老师通过观看微视频来分析学生的学练情况。在家长的帮助和督促下，学生观看微课并按下达的任务要求进行自主学练。这种方法，提高了任务的达成度，增强了学生的自主学练效果。

抱拳礼微课

（四）“双轮驱动”微课设计理念的形成

现阶段体育与微课仍存在一些问题，其一是微课普遍出现重形式、轻内容的现象。设计的微课用于参赛的居多，制作好的微课与课堂教学脱节，没有真正起到对课堂教学的支撑作用，也就是没有做到微课与教学的深度融合。其二是动作技能微课，不但要求学生完成知识学习，还要完成一定的动作学习，进行自主学练，学生的学习没有具体明确的要求，很难完成。

“双轮驱动”的微课设计理论，以“应用驱动”确立微课制作方向，以“任务驱动”明确具体练习目标要求，可以有效地解决微课设计中做什么样微课的问题和学生微课学习学到什么程度的问题。所谓“双轮驱动”就是在微课设计制作过程中，为使微课的目的明确和促进学生完成学习目标，以“应用驱动”和“任务驱动”两种方式共同作用于微课制作的过程。这两个方式组合，构成驱动微课设计与学习的主要理论。“双轮驱动”理论是基于体育教学中的应用需求和学生微课的学习目标提出的，以达到微课直接与体育课堂教学紧密结合，微课学习对体育教学有效支撑的目的。

“应用驱动”就是微课制作中依据课堂教学的需求，设计与其相适应的微课，从而促进微课在课堂教学中发挥作用，即以应用决定微课内容。

“任务驱动”的概念在国内已经形成，主要应用在课堂教学中。任务学习已经在有些学科的微课制作中使用，但微课设计中引入“任务驱动”的概念还没有具体的文献表述。“任务驱动”指学生在教师的帮助下，紧紧围绕一个任务中心，在问题的驱动下，通过对学习资源的积极主动应用，进行自主探索和互动协作学习的过程。“任务”完成学生就会获得满足感、成就感，从而激发他们的求知欲望，逐步形成学习的良性循环。

在微课设计中，通过问题提出和任务要求等手段，让驱动力作用于微课的知识传授和动作学习环节，促使学生为完成目标任务而主动学习。

针对当前体育微课存在的问题，笔者对体育微课进行了合理的分析，研究与其相适应“双轮驱动”微课制作方法，对制作“双轮驱动”的微课在教学中的实践进行了验证与分析。

1.当前体育微课设计现状

体育微课近年来迅速兴起，大量的体育微课出现在竞赛平台和网络平台上，实现了量的积累，但很多微课是有形式无内容，很难找到应用范围明确、对学生自主学习指导性强的微课作品①。究其原因，主要是微课的目的不清，用法、学法不明确，微课与课堂教学脱节，更没有形成微课的体系和制作模式。

（1）微课的目的不清。信息技术在体育教学中应用的最终目的是提升体育教学效果。微课这个新兴项目也许来得太快了，许多一线体

① 张纪胜.“双轮驱动”下体育微课的制作与应用[J].体育学刊，2019，26（2）：123—124.

育教师在没搞清微课是什么的时候，就开始着手做了，教学实录、PPT讲稿等粗制滥造的微课大量出现也就不足为怪了。2016年、2017年安徽省微课大赛中，初中、小学体育微课作品共有2274件，市级推荐到省级评选的有682件。通过分析推荐到省级参评的体育微课作品可以看出，体育课堂教学实录的占31.82%，不是针对一个知识点而是以一个教材建构的微课高达73.90%，直接以PPT讲稿出现的为13.34%[①]。

表1　2016、2017年安徽省微课大赛各种类型微课统计

年度	学段	参赛总数（件）	省评选数	教学实录		非知识点		无学练环节		PPT讲稿	
				数量（件）	比例	数量（件）	比例	数量（件）	比例	数量（件）	比例
2016年	小学	638	171	53	30.99%	129	75.44%	133	77.78%	27	15.79%
	初中	529	140	62	44.29%	113	80.71%	115	82.14%	29	20.71%
2017年	小学	587	210	47	22.38%	145	69.05%	148	70.48%	18	8.57%
	初中	520	161	55	34.16%	117	72.67%	122	75.78%	17	10.56%
总体		2274	682	217	31.82%	504	73.90%	518	75.95%	91	13.34%

（2）微课的用法不明确。体育微课目前仍处于探索时期，体育教师将微课应用于教学大多属于自发的，且具有一定的随意性，也缺乏有效的指导，微课怎么用的问题始终没有得到真正解决。体育课的类型多、差异大，相比其他学科来说更复杂，一种是传授基础知识的课，另外一种是强调练习的动作技能课。一个在室内教学，一个在运动场、体育场练习，这两种课差距很大，就动作技能课本身而言，针对不同体育项目的课程差距也非常明显。因此，应根据教材内容和课堂教学的需求，确定微课的用法，合理地将微课应用到教学中。

① 张纪胜."双轮驱动"下体育微课的制作与应用[J].体育学刊,2019,26(2):123.

（3）微课的学法不明确。微课的学法指导不但要考虑知识传授，还要从技能练习方面给予指导。纵观目前的体育微课，没有学练环节的问题十分普遍，微课的呈现方式比较简单，内容空泛。即使有学习环节的微课，也很难看到有引导学生自主练习的微课。

（4）微课与课堂教学脱节。体育微课是服务于体育教学的，应该与体育课堂教学紧密相关，但从许多体育微课来看，很少有围绕课堂教学来设计的。很多体育微课表面上与教材相关，实际上与教学脱节，微课不能对体育课堂教学形成支撑，中看不中用或不中看也不中用的微课比比皆是，这与微课应用的初衷是不一致的。微课要根据体育教学的实际需求来确定内容，无论哪一种微课，都应该与课堂教学密切相关。

2. 体育微课的“双轮驱动”

（1）“应用驱动”下的微课。不同类型的体育课对微课的需求也不相同。服务于体育理论课如排球竞赛知识学习的微课有三种类型：一种是课前预习排球知识的微课，二是课前学习排球位置和轮换的微课，第三种是课后对排球规则等知识延伸和拓展的微课。服务于体育实践课的微课同样也有类似的运用，但是与服务于体育理论课的微课不同的是，课前微课的学习方式有所不同，不但有排球知识学习，还要进行动作技能的学习和练习。由于学习方式不同，对微课的制作也应做相应的改变。

从服务于理论课、实践课的微课传授方式来看，“应用驱动”下制作的微课传授方式可以归纳为知识了解、知识学习、技能学练三种。以知识了解为目的的微课是通过观看微课，让学生对体育基础知识有一个初步的了解；以知识学习为目的的微课则是初步理解和运用体育基本知识，这个层面的微课有具体的学习方法和要求，并需要达到一定的学习效果；以技能学练为目的的微课不仅要习得知识，而且要进行动作的学练。因此，通过微课的应用方式来决定微课的结构类型，更符合微课的应用特征。

知识了解为目的的微课应用。这类微课环节相对简单，主要是表述性的内容，主要应用于理论课、实践课课前预习和课后知识延伸与拓展。如排球基础知识教学中，可制作介绍排球运动起源的微课，让学生更深入了解排球运动起源。在学生对排球运动起源已经初步学习的基础上，课堂中老师可以与学生更深入地探讨和互动。“跨越式跳高”实践课教学前，可制作“跨越式跳高——起跳”的微课，让学生了解动作方法和内容，课堂上再指导学生完成跨越式跳高的动作。

知识学习为目的的微课应用。这种类型微课的基本流程是利用平台发送微课后，课前学生进行微课学习，按照微课要求完成学习任务；老师汇聚分析学生微课学习与练习情况，制定课堂教学策略；课堂上老师与学生对已学知识点进行分析、探究，优化教学策略；最后是课堂教学，内化学生知识（见图1）。如在学习排球竞赛规则的理论课上，学生通过微课学习基本掌握排球的比赛轮换规律，课堂上教师可以让学生现场进行模拟比赛的轮换，学生对排球的位置轮换在原有的基础上又有更深的理解和掌握。

图1 服务于理论课的微课流程

技能学练为目的的微课应用。相较于服务于理论课的微课，此类微课增加了动作练习这个环节。也就是说，通过网络平台进行线上学习的同时，还要根据微课的学练要求，进行线下练习。发布的微课在学生自主学习后，教师通过网络获取和汇聚学生的学练情况，在此基础上制定课堂教学策略，然后在课堂教学中实施，既将知识进行内化，又针对学生的个性差异进行指导，营造合作、探究、主动学习的环境。学生参与热情高，动作完成质量好（见图2）。例如“排球垫球”教学中，学生通过微课了解垫球在排球活动中的用途，学习垫球的部位、方法后，按微课的学练步骤进行自主练习。教师通过网络获取学生的学练结果，分析后按学生垫球动作掌握程度制定课堂教学策略。体育课上教学的侧重点是提高动作质量，进行个性化指导，设计各种练习活动。

图2　服务于实践课的微课流程

（2）“任务驱动”下的微课。微课不可能像电影那样通过故事情节吸引观众，这就需要有一定的动力促使学生完成微课学习与练习。采取“任务驱动”的方法，通过下达微课学习的具体任务，可以达到让学生主动学习的目的。

“任务驱动”适合的微课类型。一般来说，以知识了解为目的的微课，可以通过技术手段吸引学生，提高学生观看微课的兴趣，加深对所传授知识的了解，不太需要下达任务来驱动。但是以知识学习和技能学练为目的的微课，不但需要学生观看，还要求学生跟着学习，达到一定的效果，这样的微课如果没有驱动力，是很难达成目标的。由此看来，以知识学习和技能学练为目的的微课更需要采取“任务驱动”的方法，也就是用于翻转课堂教学的微课更适合采用“任务驱动”的方法。

理论课中“任务驱动”的应用。体育理论课中基于微课的翻转课堂教学，其微课部分主要是完成体育知识的传授。这部分的学习是在线上完成的，可采取以问题为导向，导学一体的任务驱动方式。如学习“排球位置轮换”时，可在微课中提出诸如“排球比赛中在什么情况下需要轮换位置”“排球比赛按照什么方向轮换”一类的问题，要求学生在线上回答并提交，老师则可以根据学生回答了解学生学习效果。另外就是设置轮换练习，让学生在练习中标出每次轮换的位置和方向，并要求学生完成练习后提交作业，也可以设置不同难度的进阶练习，以检查学生掌握知识的情况。

实践课中“任务驱动”的应用。体育实践课中基于微课的翻转课堂教学是在理论课线上学习的基础上，增加了线下动作练习的内容。因此，除提出问题外，还要通过微课指导学生线下自主学练，要分别在微课学练过程和最终学练结果中提出任务要求，实现“导学练为一体”的驱动方式。如“排球的垫球”教学中，对于垫球微课的设计，首先要呈现垫球的用途、部位、手部动作等基本方法，通过慢放技术，让学生仔细观察垫球时小臂的动作，体会“一插、二夹、三提拉”的过程。随后，指导学练时需提出具体过程任务要求。如学练1：两手合到一起练习插的位置，练习10次以上，两手要紧握。学练2：小臂夹紧，练习10次以上。每次夹紧时，中间放一纸片，不会落下。学练3：用两小臂同时将球碰出15—20次，球碰出的高度不低于20cm。学练4：连续垫球15次，球不掉下。挑战任务：你最多能连续垫球多少次？最后要求学生提交练习结果，完成最终任务。可要求家长帮学生拍一段连续垫球的视频，然后自行对照微课中的垫球方法，检查自己垫球的部位、方法，确定正确后再上传给老师。

（3）“双轮驱动”下微课的应用效果。“双轮驱动”下微课的设计制作满足课堂教学需求，保持了微课与体育教学的一致性，实现了信息技术对体育教学的有效支撑。研究表明，“应用驱动”下的微课有明确的指向性，有利于学生对体育教学的理解。

采取设置过程任务和最终任务，促使学生为了任务的达成而进行主动学习，应用效果非常显著。送教活动中，通过对微课“短跑的起跑——各就位”的学习，学生在任务驱动下自主学练，“量步”动作完成率为100%，手的位置（相比起跑线）正确率也是100%，预备动作的正确率占95.65%（见表2）。

表2 “短跑的起跑——各就位”微课学习效果分析

动　作	样本数	正确人数	正确率
量步动作	46	46	100%
手的位置	46	46	100%
预备动作	46	44	95.65%

“应用驱动”是体育微课设计的必要方法与措施，适用于各种类型的体育微课。“任务驱动”有效地解决了学生微课学习与练习的动力问题，增强了学生学习与练习的自主性，是微课学习效果达成的有效措施，适用于动作技能学习的微课，特别是应用在基于微课的翻转课堂中，效果显著。

“应用驱动”“任务驱动”在微课设计的不同环节，承担着不同的任务。两个驱动同时作用于微课制作，共同形成驱动力，有助于提高体育微课的质量，促进微课学习效果，为体育课堂的教学和学习奠定基础。

（五）一体化体育微课体系

中小学（含幼儿）阶段学生年龄从3岁到18岁左右，跨度很大，经历一个从幼儿走向成年的发展过程。各个阶段的对象在阅读能力、视听能力、思维能力等方面都有很大差异，应该根据不同发展时期的对象实际，设计制作与其相适应的微课。而国内当前的体育微课，往往只针对某个阶段或特定对象去建构，制作形式、方法等没有整合，处于比较零乱的情况。由此可见，我们亟待建立一个从幼儿到高中阶段一体化微课体系，以适应不同阶段学生的微课学习需求。本研究在一体化体育课程体系建设研究的框架下，结合每个阶段学习对象的认知规律、动作发展规律、心理发展规律和身体发展规律，建构出了一套系统的、科学的体育微课体系。

1.体育微课一体化构建中的问题

体育微课的内容与方式需要按照学习对象的不同需求来制作，让适合的微课服务于相应的人群。要考虑到微课的服务对象所处的年龄、认知水平、动作发展水平、技能学习水平等诸多因素，研究用什么样的办法帮助学生学习，用什么样的方法促进学生自主学练，构建科学的、高质量的体育微课才是帮助学生完成体育学习与练习活动的最佳途径。

笔者通过对近年来中小学体育微课的研究，建构了“合理呈现、探究思考、自主学练”的体育微课呈现方法，在安徽省部分市县的体育教学实践中得到应用，收到了较好的效果。

2.一体化体育微课建构的主要依据

自一体化体育课程体系建设研究以来，围绕一体化体育课程该如何建立的问题，专家们虽然都从不同的角度去阐述，但最终还是归结到从政策、理论和实践中寻求有力的依据。一体化体育微课建构同样需要在政策、理论和实践中寻求合理有效的依据，建构一个上下贯通并满足学习者需求的微课体系。

（1）政策依据：微课体系的政策保障。2016年《国务院办公厅关于强化学校体育促进学生身心健康全面发展的意见》中明确提出：“以培养学生兴趣、养成锻炼习惯、掌握运动技能、增强学生体质为主线，完善国家体育与健康课程标准，建立大中小学体育课程衔接体系。”而且，在内容方面还进一步提出：“科学安排课程内容，在学生掌握基本运动技能的基础上，根据学校自身情况，开展运动项目教学，提高学生专项运动能力。”

教育部《关于印发〈教育信息化2.0行动计划〉的通知》中指出：“坚持融合创新。发挥技术优势，变革传统模式，推进新技术与教育教学的深度融合，真正实现从融合应用阶段迈入创新发展阶段，不仅实现常态化应用，更要达成全方位创新。”持续推动信息技术与教育深度融合，促进两个方面水平提高。促进教育信息化从融合应用向创新发展的高阶演进，信息技术和智能技术深度融入教育全过程，推动改进教学、优化管理、提升绩效。

建构体育微课的一体化体系，是进一步贯彻落实国家教育信息化推进的重要举措，旨在形成一个科学有序的体育微课体系，为体育微课的设计与创新提供帮助，有效地指导学生进行学习和练习活动。

（2）理论依据：微课体系的有力支撑。建构一体化体育微课体系，是创新微课理论体系的研究过程。体育微课的设计与体育教学的规律是密切相关的，这其中包括：①认知发展规律。认知是指人们获得知识或应用知识的过程。认知包括感觉、知觉、记忆、想象、思维等。微课的制作要分析每个年龄段学生的认知特点，合理地运用教育方法，让体育微课设计的时长、内容、表现方式等合理呈现。②动作发展规律。动作发展主要指行走动作、抓握动作和动作技能的发展，均以一定的顺序展开。按照行走动作、抓握动作、动作技能发展顺序，掌握学生各项动作发展的最佳时期，结合体育教学中动作技能特点，在微课中合理呈现。③身体素质发展规律。身体素质一般是指人体在活动中所表现出来的力量、速度、耐力、灵敏、柔韧等机能。身体素质发展的最佳时期是不同的，掌握各种素质的发展规律，结合体育动作技能的内容，可帮助设计者制作出适合学生身体素质发展的微课。④心理发展规律。心理发展，是指个体在整个生命历程中所发生的一系列积极的心理变化。心理发展是有客观规律的。它是通过量变而达到质变的过程，是从简单到复杂、由低级到高级、新质否定旧质的过程，是矛盾着的对立面又统一又斗争的过程。因此，体育微课中的教育过程也是把握学生心理发展的过程，既要把握共性的心理发展规律，又要适应个性化心理发展需求。

（3）实践依据：微课学习的有效性。本研究自2015年起开始施行，一边进行体育微课的设计研究一边进行实践应用，共设计各类微课326件，直接用于翻转课堂教学实践的37课时。基于微课的翻转课堂向全国展示的有10件，省际交流9件，取得较好的应用效果。2019年6月，在开展跨区域基于微课的翻转课堂实践活动中，笔者领导的研究团队以4对初中、小学两个学段同题异构课程开展课堂教学实验，其中每个翻转课堂都有2—3件微课支撑。参与教学实验的教师教学水平相近，选取的班级学生体育基础无明显差异，并聘请外地专家现场量化对比。结果表明，基于微课的翻转课堂对学生的学习效果有较大的提升，特别是在练习密度方面，比传统课堂平均高出22.50%，动作技能掌握情况比传统课堂高出2.15分，仅从这两个指标来看效果就十分明显，其他如练习强度、互动性等指标均优于传统课堂（见表3、表4）。

表3　基于微课的翻转课堂与传统课堂学生练习密度比较

课的名称及学段	实验课(翻转课堂)	对照课(传统课堂)	差异值/百分点
篮球：单手肩上传球(初中)	75.75%	51.92%	23.83
田径：蹲踞式起跑(初中)	79.37%	39.69%	39.68
田径：4×50米接力(小学)	72.84%	60.56%	23.28
武术：撩拳收抱(小学)	73.83%	59.63%	14.20
平均值	75.45%	52.95%	22.50

表4　基于微课的翻转课堂与传统课堂学生运动技能掌握情况比较(满分10分)

课的名称及学段	实验课(翻转课堂)	对照课(传统课堂)	差异值
篮球：单手肩上传球(初中)	9.22	6.22	3.00
田径：蹲踞式起跑(初中)	8.67	7.44	1.23

续 表

课的名称及学段	实验课(翻转课堂)	对照课(传统课堂)	差异值
田径:4×50米接力(小学)	8.83	6.11	2.72
武术:撩拳收抱(小学)	8.30	6.66	1.64
平均值	8.76	6.61	2.15

3.一体化体育微课体系

一体化体育微课体系的建立，是为了让体育微课满足不同阶段学习者的需求，更有利于帮助学习者获取体育知识和动作技能。研究体育微课在各个阶段的形式、内容和方法，构建“纵向衔接、横向一致、内在统一、形式联合”的一体化体育微课体系十分必要。

体育微课的总体框架横向按照课程形式、时长、内容、呈现方式、画面和语言文字等搭建，纵向以幼儿阶段作为独立阶段，小学至高中阶段划分为其他五个等级。以幼儿到高中六个阶段为轴，结合每个阶段学习对象的认知水平、动作技能、动作发展等实际，系统地给出微课在每个阶段符合学习者需求的课程形式、时长、内容、呈现方式、画面和语言文字等具体内容（见表5）。

表5　一体化体育微课体系的总体框架

单元阶段	课程形式	微课内容	呈现方式与时间	画面、文字、语言
单元一(4—6岁)	游戏化	活动方法示例及游戏规则介绍	卡通、动画、视频，时间以1—2分钟左右为宜	画面：画面简洁，主景突出，清晰、简洁； 文字：无文字； 语言：饱含童趣、精练准确直接

续 表

单元阶段	课程形式	微课内容	呈现方式与时间	画面、文字、语言
单元二（6—8岁）	游戏化	活动方法示例及游戏规则介绍	卡通、动画为主的短视频，时间以1—3分钟为宜	画面：清晰、简洁，突出主要内容，背景简单； 文字：少量汉字并加注拼音，以关键词形式出现； 语言：童趣、简练、直白
单元三（8—10岁）	游戏化	动作技能的呈现，游戏规则、练习内容介绍	卡通、动画为主的短视频，包含以学习动作技能为目的的视频。时间以2—5分钟为宜	画面：清晰、简洁、美观，可以出现多屏组合和聚焦等技术手法； 文字：文字加拼音，以关键词形式出现； 语言：简练、清晰，正面介绍为主
单元四（10—12岁）	游戏化	游戏规则介绍，简单动作技能的自主学习	适宜的动画，有技术支撑的短视频。游戏设置有竞赛性。“学、练、赛”的微课结构初步形成。有自主探究和合作探究的过程。强调技能的应用。时间以5分钟左右为宜	画面：可组合多种画面，运用多种技术手法，增强技能的内在表现力； 文字：仅出现少量关键性文字； 语言：简练、清晰、明确，正面介绍为主
单元五（12—15）	多样化	技战术介绍，动作技能的自主学习	适宜的动画，有技战术内容的短视频。时间以4—8分钟为宜	画面：多种技术手段的画面呈现，画面清新； 文字：突出重点内容； 语言：简练，专业性、激励性、语气带有思考意味。视频中文字、语言交替出现，相互支撑

续 表

单元阶段	课程形式	微课内容	呈现方式与时间	画面、文字、语言
单元六（15—18）	专项化	技战术介绍，精细动作技能的自主学习	“学、练、赛”的微课结构形成，帮助学习者探究思维、抽象思维的形成。视频与生活应用相结合。时间以10分钟以内为宜	画面：多种技术手段的画面呈现，画面清新； 文字：突出重点内容； 语言：简练，专业性、激励性、引入思维过程。视频中文字、语言交替出现，相互支撑
单元七（18—22）	自主化	技战术介绍，精细动作技能的自主学习，竞赛组织能力训练	视频呈现动作原理与方法，“学、练、赛”链条建立。视频内容结合生活应用。时间以10分钟以内为宜	画面：背景和环境应适合项目内容，主题突出、直接； 文字：简明，点到为止； 语言：注重对关键内容的讲解，简洁明了

中小学体育一体化微课体系的构建，遵照学习者在不同水平阶段的发展规律，对各个水平阶段微课的课程形式、时长、内容、呈现方式、画面和语言文字提出相应的要求。每个阶段的微课设计更具科学性、合理性、有效性，可满足不同阶段学习者的学习和练习的需求。

三、体育微课的制作

体育微课制作涉及的内容很多，应从多种角度思考与建构。以体育教学的内容确定微课制作方向，以体育学科的特征确定微课的结构，以驱动学生学习的主动性，促进学习效果为目的，才能制作出优质微课。关于微课的目的、方向、结构在其他章节有详细的阐述，本节以“任务驱动”下的微课为研究对象，重点从“课前自主学习任务单”的设计，微课的制作步骤和微课的画面、语言、文字的运用方面来阐述体育微课制作。

（一）“课前自主学习任务单”的设计

微课知识学习部分的驱动可采取“课前自主学习任务单”的方法，以提出问题的方式，让学生在微课中找到相应的答案，再提交给老师。这种以任务单提交的形式驱动学生的自主学习，有效地解决了学生“学”的问题。任务单的自主学习流程是：阅读“课前自主学习任务单”—通过微课学习找出任务单问题答案—完成解答。

1.任务单的格式

“课前自主学习任务单”是与微课配套的一种学习材料，它包括学习指南、学习任务、自我评价、疑问箱四个部分。学习指南包括课题名称、达成目标（微课）、学法建议和课堂学习预告。其中，课堂学习预告是让学生了解课堂学习的基本内容，以便建立微课学习与课堂学习的连接。学习任务主要是针对知识点或技能点的重点提出问题。自我评价是搜集学生在学习过程中对自身学习行为的评价。疑问箱则是收集学生在微课学习时遇到的一些问题，是教师了解学生学习困难的一个渠道。

表6　课前自主学习任务单

一、学习指南	设计依据
1.课题名称 田径：蹲踞式起跑——各就位	/
2.达成目标 (1)通过视频学习，学生能说出各就位的动作方法； (2)通过观看视频，学生对起跑时脚、手的位置有正确的理解，了解手的支撑方法和手间的距离，能自主测量脚的位置； (3)培养学生主动学习，主动思考的良好习惯	1.视频观看可以让学生直观地了解各就位动作要点； 2.通过问题解答和观看视频，学习正确的各就位动作

续　表

一、学习指南			设计依据
3.学法建议 通过手提电脑、平板电脑等硬件设备,在资源平台或微信群里下载相关学习资源,自主学习,对照任务单问题寻求答案			1.网络资源丰富,交互性好,支持移动学习; 2.通过对问题的解答,加强学生的直接体验
4.课堂学习预告 (1)分享短跑起跑的有关知识; (2)小组相互比较各就位动作的正确性; (3)组内成员对动作进行互相调整; (4)讨论与分析各就位动作对起跑的作用			通过相互比较、小组讨论等形式,研究动作特点
二、学习任务			/
1.起跑线有多宽? 2.为什么起跑时手不能压在起跑线上? 3.简述各就位时脚的位置、手的位置? 4.简单描述各就位时身体哪五点着地?			借助学习任务的指引,学生自学本课中的部分关键内容,更好地激发学生主动学习的愿望
三、自我评价			/
自我评价表			/
作业兴趣	你对自己的起跑动作满意吗?		
作业态度	你完成了课前自主学习任务吗?		
目标达成	你了解各就位的动作方法吗?		
	你知道为什么手不能压在起跑线上吗?		
情感体验	你感受到正确动作能帮助自己在短跑时快速启动吗?		

续 表

四、疑问箱	/
在学习的过程中,你遇到了什么困难? 答:____________________________	

2. 问题的提出

“课前自主学习任务单”中的学习任务，是以问题为导向的。很多教师可能会有这样的疑问，任务单中的学习任务，为什么采用回答问题的形式，而不是用填空或选择题的形式？首先是因为填空题和选择题简单、易答，但是也容易出错，其次就是填空题、选择题在作答后，留在大脑中的痕迹比较浅，往往回答之后就容易忘，很难在大脑中建立稳固的记忆。而问答题则不同，需要带着问题去微课中找到相应的答案，再用文字撰写作答，对问题的理解程度就相应提高。

另外也要注意提问方式，一般来说提出的问题应尽量能在微课里找到答案，但又不是能直接找出答案，要让学生有个思考的过程，帮助学生理解问题。例如在上述的“课前自主学习任务单”中，“为什么起跑时手不能压在起跑线上”这个问题在微课中没有直接答案，微课中只讲到起跑线是在跑的范围内，那么学生需要进行一系列的思考：起跑线在跑的范围内——压线就是提前进入跑的范围了——压线就是犯规——不能压线。应该指出的是，问题也不能太复杂，让学生找不到问题的答案，那也达不到让学生习得知识的目的。问题应该聚焦在知识点的理解上，不能太散，也不能太多，每个微课的问题以2—4个为宜，多了学生负担太重，少了也难以有效驱动学生学习。

3. “课前自主学习任务单”的应用

“课前自主学习任务单”是微课学习的驱动载体，一般采用纸质填写，也可以在线作答。但为了强化学习效果，以纸质答题为宜。任务单发放的方式有三种，一种是以文档的形式与微课一起通过平台发放，学生通过扫描二维码下载打印为纸质材料再填写；另外一种是直接发放纸质任务单，让学生直接填写作答；还有一种是在线作答并提交。提交任务单的方式有网络提交和纸质提交两种，网络提交是在家长帮助下将答案上传，纸质提交由学生将纸质答题卡直接交给老师。教师在获得学生提交的任务单后，通过分析学生任务单的填写情况，掌握学生知识与技能学习的学习情况，从而进行个性化分析，在此基础上制定课堂教学实施策略。

（二）体育微课设计步骤

体育微课设计除“课前自主学习任务单”的制作以外，还要结合体育微课的特点，让每个设计步骤环环相扣、彼此相连，形成一个科学、有效的流程。

1.整合

对体育教材知识进行梳理，是微课设计制作必不可少的一步。体育教材涵盖系统性的体育与健康基础知识、运动技能等，体育教学方式的特殊性决定了微课对这些知识和项目有一定的选择性。比如，体育与健康动作技能微课主要通过以下几种方法完成对知识的整合。

（1）按层级对教材进行全面梳理。如：水平四——七年级教材—章节—单元—课次。在每个课次上，也有多个技能点，可根据技能点确定微课名称。这种梳理方法保持了微课与教材的一致性，教学内容得以分段实施。是不是所有的技能点都要制作成微课呢？在实际应用中要有取舍。一节课堂教学的内容不能全部以微课作为支撑，微课要提炼出教材中知识与技能的重点、难点，取得突破，帮助课堂教学更好完成。例如：立定跳远是一个项目，显然不能把立定跳远的技能点都收入一个微课。立定跳远有蹬摆、起跳等动作，还要解决腾起角、双起双落的问题。针对不同水平阶段的学生，立定跳远的学习内容和侧重点是不同的。教学内容的重点放在哪里，微课制作的重点就要放在哪里。如果是低年级学生的微课，主要就是介绍双起双落和围绕双起双落进行练习活动；如果是稍高年级学生的微课，可能要考虑到蹬摆动作的解析，以帮助学生完成立定跳远动作；如果是高年级学生的微课，那可能要将重点放在解析立定跳远的技术能力方面，腾起角就可以是微课制作的聚焦点。

（2）针对某一项目在一个水平系列内进行梳理。如针对排球项目，可以用排球——七年级教材—单元—课次的梳理方式。这种方法突出了项目的特点，方便以项目形成系列微课。在一体化体育课程体系建设的环境下，以项目建构的微课符合课程改革的方向。

（3）进行单元系列统整。结合教学进度，对本学年或本学期需要教学的各个单元进行统整，即单元—课次。这种方法建构的微课体量比较小，呈块状结构，方便实际教学的应用，但很难构成体系化的结构。

除了对知识进行整合以外，还要给微课确定名称。微课的名称要能直接反映微课的基本内容，即所包含的体育技术重点或环节，做到准确直接。如“急行跳高——助跑”“快速跑——途中跑”“实心球——出手动作”等，都是以反映技术重点或环节为主的命名方式。

2.确定知识点和技能点

如果是介绍体育与健康基础知识微课，那主要内容是知识点。如果是体育与健康动作技能微课，那主要内容是技能点。还有一些微课的主要内容可以是教学环节。

（1）第一类：知识点。主要包含基础知识的学习，如各运动项目及其规则的介绍，体育与健康知识等。这类选点方法往往侧重知识中的重点，如排球基础知识中的“位置与轮转”，制作微课时可以把这个作为知识点来统整，作为对排球竞赛知识的拓展。

（2）第二类：技能点。动作技能学习是体育课教学的重要部分，也是体育微课的主要内容。选择这类内容时，应该考虑几个因素。

根据每节课所教学的重点确定课型、学习内容和微课数量。如，八年级“排球正面上手发球”的教学，需要用四节课来完成。四节课教学内容依次为：抛球与击球、击球练习、击球用力、击准比赛。那么微课可以确定为：排球正面上手发球——抛球、排球正面上手发球——击球、排球正面上手发球——抛接练习、排球正面上手发球——击准比赛（游戏）。

根据学习阶段、学习目标的不同，微课选择的技能点也不同。例如，针对快速跑中的“途中跑”技术，微课的侧重点应根据学习阶段的变化而变化：低年级学生学习的重点是直线跑动，微课就围绕直线跑来设置；中年级学生学习的重点是跑的协调性，微课就针对跑的协调性来制作；高年级学生又有不同，学习重点是短跑技术中如何提高步幅和步频，微课就要根据如何提高步幅和步频来设计。

根据教材的特点来确定是否需要微课支撑，做什么类型的微课。体育微课一般用在课前预习、课后拓展或延伸等阶段，也可以用在基于微课的翻转课堂中。如，课后的微课主要是知识的强化和技能的提升，这些微课可以自我纠错和提高性练习为主。其次有些教材内容不具备学生自主学练的条件或存在安全隐患，就不宜让学生自学。如果从加深对动作的理解角度去建构，也只能做成知识型微课，促进学生对动作技能进一步掌握。

（3）第三类：教学环节。为了提高体育课学生的练习密度，一些教学环节也可以制作成微课。例如，可以通过微课来讲解体育课中游戏部分的动作方法。这样，体育课上学生到这个环节就可以直接组织游戏活动了。分组学练同样可以做成微课，学生了解方法之后，就可以直接进行小组练习了。

以介绍教学环节为主要内容的微课，可节约课堂教学时间，有效提高课堂教学的效率。

体育游戏微课

足球游戏微课

3. 构建思路

微课的知识点和技能点确定以后，微课设计前要对所呈现的知识点和技能点进行全面分析，采取相应的视频技术手段来更好地呈现，以激发学生兴趣，让学生看得懂、理解透、学得会，从而实现促使他们主动学习的目的。

激发兴趣。为了激发学生对微课的兴趣，可以根据教材内容精选一段竞赛视频作为导入。如“排球上手发球”的微课，可以先放一段中国女排在比赛中采用上手发球的视频，然后利用技术手段定格上手发球时挥臂击球的画面。这种导入的视频不可过长，一般控制在20秒以内，聚焦学生的注意力。当然，激发学生兴趣的方法有很多，如引导学生理解动作机制，探究动作方法，通过动作本身吸引学生等。

看得懂。为达到这一目的，应该把复杂的动作简单化，把快速的动作慢速化，通过视频来有效呈现体育动作的特点，从学生容易接受的角度去建构微课。呈现动作要领的方式很多，应根据动作的内容来确定。如，“急行跳远”中腾空姿势的呈现，可通过慢放的形式，逐帧呈现跳远时空中姿态的变化过程，也可以将动作逐个分解呈现，用简单动画来呈现，还可以将动作顺序结构化，让学生按照一定程序来做。至于采取什么方法，要考虑有效性，目的是让学生看得懂。

理解透。体育动作都有其规律所在，通过微课让学生主动思考，探究动作原理和内在机制十分必要。探究的问题要符合学生的认知水平，让学生“有究可探、有究能探”。探究的问题要具体、明确，学生针对问题就可以展开探究活动。如提出“脚内侧踢球有什么特点”这个问题，学生很难归纳出结果，如果用“脚内侧踢球膝关节有什么动作”这样的提问方式，学生很快可以根据膝关节的动作情况，归纳出外展动作。探究的设置形式也是多种多样的，可以提出问题让学生思考，也可以提出问题让学生体验，在体验过程中领会动作机制。还可以让学生进行合作探究，分析后寻找答案，也可以通过演示来进行。例如：针对“排球正面上手发球”击球点的探究，微课可以演示击打不同击球点后，球的飞行轨迹，这种简单的演示可以让学生直观地理解击球点的正确位置。

学得会。要想让学生通过微课学习来进行自主学练，一定要对知识点或技能点进行深度分析。按照循序渐进的原则，由浅入深，由易到难，先单个动作后组合动作来教学。学练内容的安排要遵循动作技能形成规律，充分考虑学生自主学习的特殊性，尽可能简化学练内容，让学生可学、易学。此外，还要了解动作的基本特征和规律，再确定学法，如武术“健身长拳——穿掌”的学练，应先学习穿掌手部动作路线，再学习掌的变化，然后再配合提膝动作，最后进行协同组合。可以设置一些练习来引导学生，因为学得会是微课学习要解决的核心问题。

动作学练

主动学。以“问题引领，任务驱动”的形式，通过“课前自主学习任务单”的完成，驱动学生观看微课、理解动作，建构知识学习体系。要让学生明确微课学习要达到什么目标，自主学练要达到什么效果，那么任务越具体越明确越好，甚至有具体的数量和质量要求。任务可以在观看微课伊始就下达，也可以在微课学习过程中分阶段下达，建构“任务驱动”下的微课学习，让学生带着目的去完成微课学习及自主学练。

4.设计方案

微课的设计方案是录制微课的文字细化方案，具体到录制的每一个步骤和方法，包含微课的呈现技术、方法、语言、文字、图片等，还包括镜头从哪里切入，从什么时间点切入，需要在某个动作上聚焦多少时间，镜头拉近和摇摆的一些技术要求等细节要求。微课设计方案通常包含以下内容：

（1）微课基本信息：一是介绍微课基本情况，包括微课名称、学练目标、知识点来源、学练重难点、学练类型等，重点是对微课的知识来源有具体的呈现；二是描述微课的知识点和技能点及介绍微课的适用对象、应用方式和主要类型，对微课的应用实践有着直接指导作用；三是介绍微课设计中信息技术融合的方法。

（2）微课设计：一是导入部分设计。根据已经确定的技术方法与呈现手段，确定微课导入的主要内容。一般来说微课导入要直达主题，并提出本课的学习任务，实现“任务驱动”下的微课学习，也可以引入一些与微课内容关联度高的视频，激发学生兴趣。导入可以是动作的展示，也可以是比赛的精彩片段，还可以根据微课的内容以故事方式导入。例如：武术的套路展示、球类的比赛场面等。二是学习部分设计。学习部分是微课的主要部分，包括呈现动作的方法、探究动作规律和指导自主学练三个阶段。要结合微课知能点的内涵进行深度挖掘，将思考后的技术手段和应用方法在这三个阶段合理体现，通过这部分学习达到让学生“弄懂、理透、学会”的目的。因此，这部分设计要目的明确、可操作性强。如：探究“前滚翻团身紧”时，微课可以演示说明同样的坡度下橄榄球（竖直）与篮球自然滚动速度和距离的变化。在设计方案中要注明需要的摄录器材，文字标注内容等。

（3）微课设计方案中还要对素材、硬件和软件的准备有具体描述，并做好设计反思。

表7 “蹲踞式起跑——各就位”微课设计方案

制作人:*** 单位:***** 计划录制时间:202*年**月**日

微课基本信息			
系列名称	蹲踞式起跑		
微课名称	蹲踞式起跑——各就位		
学练目标	1.了解蹲踞式起跑的三个口令及相应的要求,了解各就位时五点触地的位置; 2.能掌握各就位时脚、手支撑地面的位置和方法; 3.培养自主学习的能力		
知识点来源	学科:体育与健康;年级:七;教材:人教社2011版;章节:第2章		
学练重难点	重点:丈量脚与起跑线距离的方法; 难点:五点触地的位置和手型		
学练类型	讲授型 问答型 启发型 讨论型 演示型 联系型 实验型 表演型 自主学习型 探究学习型 其他		
适用对象	学生:供基于微课的翻转课堂学生自主学练用		
信息融合点	利用课件和线段正确标注五点的位置		
微课设计			
阶段	内容	画面及配音	预计时间
导入部分:片头设计	蹲踞式起跑——各就位	介绍学习内容	6秒
导入部分:导入手法	放一段短跑的视频。采用慢放的技术,重点展示起跑部分	提问:这些运动员采用的什么方式起跑	22秒

续 表

微课设计			
阶段	内容	画面及配音	预计时间
学习部分:呈现动作	1.介绍蹲踞式起跑:各就位、预备、跑这三个口令所对应的三个动作。 2.各就位动作要求: ①认识起跑线,有普通式和加长式; ②以普通式为例: 前面一只脚离起跑线外沿一脚半; ③后面一只脚离前面脚长一脚距离; ④左右两脚10cm距离; ⑤两手虎口分开,四指并拢成八字形,贴于起跑线外沿; ⑥两手距离与肩同宽	1.画面出现“各就位—预备—跑”的视频; 2.标注起跑线在跑的距离内,如100米跑,起跑线包括在100米内; (画面文字:想一想:终点线在不在跑的距离内) 3.标注前脚离起跑线一脚半,用线段标示一脚半长度,后脚与前脚距离约一脚半,同样标示长度。左右脚距离10cm; 4.用图片示意虎口张开,四指并拢,并讲解。视频中呈现大指相对,虎口朝外,贴于线外,两臂与肩同宽,支撑地面的各就位动作	2分钟
学习部分:揭示规律	五点着地	慢放教师各就位固定姿势,让学生观察。 (画面文字及旁白:请看一看, 1.找出是哪五点着地? 2.这五个点之间位置有什么关系?上课老师请你回答哟)	60秒

续 表

微课设计			
阶段	内容	画面及配音	预计时间
学习部分:引导学练	任务一:划起跑线; 任务二:明确脚的位置; 任务三:明确手的位置; 最终任务:请用手机拍一段各就位的视频,传给老师	1.标示跑的方向、起跑线、预备区; 2.前脚一脚半丈量的方法; 3.两手八字形,虎口朝外,大拇指相对,两臂与肩同宽,贴于起跑线外侧; (光标闪及线段标注,画面文字:线外侧,与肩同宽。) 4.分步量,手到位,五点位置正确 (画面文字:上述动作反复做10次)	2分30秒
其　他			
素材准备	1.PPT制作;2.录制的素材;3.技术处理		
硬件准备	1.摄像机;2.照相机;3.PC机;4.耳麦		
软件准备	1.录制软件;2.格式工厂;3.播放软件;4.字体软件;5.其他应用软件等		
设计反思	1.语言平淡,与学生交流互动性有待提高; 2.人与起跑线的位置需要明确; 3.指导学练方式技术性强,兴趣方面有待调整		

5.微课素材的准备

（1）器材准备。体育微课的重要特征是需要通过一定的器材来完成动作，因此，微课设计时应注明器材的名称和数量。同时也要准备录制微课时所需要的器材、硬件设备和软件，并且调试好设备，做到即时能用。

（2）素材准备。素材是微课制作的基本材料。优质的微课，需要精美的素材来支撑。微课的素材就像一个个串珠，放在那是散落的，每个素材都要进行细心打磨，串起来，就是一节优质的微课。那如何准备素材呢？

素材的来源。微课的素材可以多渠道获取：一是从网上搜集下载。通过网络下载与微课关联度高的图片、视频材料，再经过剪接，用作微课的基本素材。二是直接制作。利用PPT、电子白板、FLAS动画等软件进行制作，获得理想的素材资源。三是直接录制。通过手机、DV机等录制工具来完成录制，从而获得想要的视频素材。四是对现有资料进行再编辑，形成微课所需要的视频、动画、音频等素材。

按设计方案准备素材。根据微课设计方案所要求素材的类型、制作方法和内容，有针对性地准备素材。例如设计要求导入一段排球比赛时的视频，可以搜集合适的视频，并对视频进行简单技术处理。一般来说，应尽量保证一次性录制完所需素材，因为随着时间的推移，光线、环境、人物、服装等各种因素会发生变化，补录与首次录制存在差异也就难免了。所以，录制时的器材和其他硬件尽可能准备充足一些，对一个画面可以多角度或不同距离录制。录制时还要保证素材清晰，以方便后期技术处理。

对素材进行分类。微课是需要大量的素材来支撑的。为方便素材的使用，往往要对素材进行分类存放。一是按微课进展顺序分阶段分类，如导入部分、呈现部分、探究部分、自主学练部分；二是按照文件类型分类，如视频类、课件类、动画类、图片类、文字类，等等。不管采用什么分类方法，只要易于调用就可以。

素材的加工。无论从哪个渠道获取的素材，在制作成微课时还需要进行精加工。视频材料应该把不需要的部分进行删减，对视频上面的标识、文字进行遮挡，精心截取精华部分，并标注文字内容等。图片材料同样需要裁剪成理想的画面，并就画面质量等进行技术处理。此外，还要考虑文件的兼容性，把文件转成易于编辑的格式。

6.录制

录制是微课制作的最后一步，是微课制作的一个重要环节。录制出优秀的微课，是体育教学能力和微课制作技术两方面的结合。如果前面的五步都做得很细致，录制就是把素材连起来。一般来说，体育教学微课的录制相较于其他学科来说要复杂一些，还需要完成以下工作：

素材整理。我们准备的各种素材类型、规格、格式都不尽相同，因此要进行整理。首先要统一格式。不同录制软件兼容性不同，需要用格式工厂等转换软件将素材转换成统一格式，并且规格尽量相同。如转换成MP4格式，规格为1280×720。然后再进行编号。按照微课设计排定的顺序对文件名进行编号，如果既要了解素材名称，又要考虑到顺序，一般按照“序号+名称”的方式编号，如：“001片头”“003探究演示”等。这样既能掌握顺序，又能了解内容，方便录制。编号以后的文件应当放在一个文件夹里，切不可东放一个西放一个，否则在使用时会非常麻烦，降低录制的效率。

软件的选用。①Camtasia Studio（简称CS）是常用的屏幕录像和编辑的软件套装，使用者可以方便地利用其进行录制、配音、剪辑、添加说明字幕和水印、制作视频封面和菜单、视频压缩和播放等。②Focusky是一款易学易用的微课制作软件、课件制作软件、幻灯片演示文稿制作软件。③Axslide是基于H5技术开发的演示文稿制作软件，操作简单，存储便捷，可以通过3D缩放、旋转等效果，做出创意无限的演示文稿。④Storyline是全球先进的课件制作工具，它具有丰富的图像资源、强大的交互功能、直观的操作界面，能够帮助建立生动有趣的学习内容，拥有多样交互的操作活动和快速便捷的制作方法。⑤Adobe After Effects（简称AE），是Adobe公司推出的一款图形视频处理软件，主要有图形视频处理、路径功能、特技控制、多层剪辑、关键帧编辑、高效渲染效果等功能。⑥PR（简称Premiere）视频编辑软件，主要功能有剪辑、采集、音频美化、调色、添加字幕、输出、刻录等，能和其他Adobe的软件融合集成，用于制作高质量视频。

录制过程。构成微课的元素最终是视频、文字、配音等，体育微课录制要合理应用好以上几个元素，这需要从以下几个方面入手：①精选内容。微课由于以微见长，通常来说时间越短越好。录制时应尽可能精选一些好用的、有用的素材。也就是说，一切都要围绕知能点的教学而构建，一切以学生看得明白、理解得透并且学得会为目的。②衔接自然流畅。微课的各个部分之间有内在联系，各个环节过渡要自然，整个微视频要自然流畅，界面风格也要大致相同。③文字标注精练。微课的文字宜少不宜多，要起到画龙点睛的作用，尽量不要照搬书本上面的文字。呈现动作方法时，视频中用关键字标注就可以了。例如：演示篮球和橄榄球（竖直）滚动时，只要标注篮球和橄榄球就行了。精减文字的方法是尽可能保留关键词，标注文字时看去掉的文字对内容表述有没有影响，只要没有影响，尽可能地去掉。

配音。配音包括音乐和旁白。音乐尽可能与视频内容相符，一节微课有时需要几段音乐来支撑，恰到好处的音乐可以锦上添花。音量值设置在15—20之间，同时要设置渐入和渐出，使得音乐开始和结束时自然流畅。旁白的内容是对视频和标注的补充。旁白根据视频的播放进度拟写，语言要清晰，表达要准确专业。此外，微课配音的环境很重要，一般要选择安静的地方录音，如果有单独的录音室更好。微课的配音要用同一个设备、同一个声音，还要处在同一个环境，否则就会产生差异，影响播放效果。

合成与再修复。前面几项工作都完成后，微课基本上就完成了，需要最后合成。合成前，要反复播放文件，从微课视频到文字标注，再到旁白仔细检查，这样避免出现错误视频、错别字和口误等，确保微课的质量。

扎实走好每一步，就能制作出一节好微课。当然，微课制作的障碍不是技术，而是观念，好的微课必须要深刻理解教材，灵活运用教学方法，充分了解学生接受知识的情况。

（三）体育微课的语言、文字与画面

制作体育微课是为了让学生以开展自主学习的方式，愉快、主动地吸吮知识。要通过微课向学生传输体育动作的知识和技能，其中的语言、文字和画面质量都是影响学生学习的重要因素。简洁明了的语言、清楚直接的文字、精美优良的画面都会有效提升学生的学习效果。体育微课的文字、语言、画面三者是相辅相成、互为补充的。在体育微课中语言已经表述清楚的，文字就可以点到为止，画面就是起衬托作用；文字表达出来了，语言则不一定要补充，画面适当支撑就可以了；反之以画面呈现为主的，语言和文字就只起到画龙点睛的作用。微课的语言、文字和画面一定要因时而异、因人而异、因事而异，要基于体育动作知识与技能的内容，根据学生的认知水平和学习基础等多方面因素来设计，从而达到理想的学习效果。

1.微课的语言

语言是进行交流的主要方式，表达精准得当，能促使人与人之间有效地沟通。体育微课主要倡导的是学生的自主学习，恰当、得体的语言，会拉近与微课学习者的距离，获得意想不到的学习效果。

（1）微课语言的要求。在很多体育微课中，教师喋喋不休，语言也不分对象，从头讲到尾，就是怕学生听不懂。这种讲解方式，反而忽略了要呈现的重要内容，学习效果一般也不好。什么样的微课语言才是最恰当的呢？那就要依据学习对象来确定了。学生肯定希望在微课短短几分钟的时间内听到简洁、精练的语言，表述清晰明确的语言，还有熟悉动听的语言。教师的语言要符合学生的认识水平和年龄特征，要有一定的亲和力，拉近与学生的距离。

（2）微课语言的种类。微课语言的内容十分丰富，包括表情性、

讲解性、描述性、趣味性等。微课要重视表情性语言，表达时音量的大小、音调的高低、语气的强弱、语速的快慢、口齿清晰程度和声音的悦耳程度等，无不影响与学生互动的效果。讲解性语言是微课中运用于传授、讲解知识的语言。讲解的方法有很多种，有直接讲解，有启发性讲解，更有给予学生一定思考空间的讲解。这其中就有许多种方法，包括类比法、对比法、推理法、举例法、插图模型法、演示法等。讲解还可以与动作相结合，从学生熟悉的生活知识入手，使学生能轻松自然地接受知识，达到了较好的学习效果。体育微课要对动作知识与技能进行准确的描述，让学生准确了解。幽默风趣的语言可以缩短师生之间的距离，极易形成愉快欢乐的学习心理，较快地进入教学氛围。因此，运用好语言是激发学生学习主动性的一个重要手段。

（3）微课语言的对象。体育微课涉及的对象是大中小幼学生，年龄跨度较大。针对不同学段的学生所采取的语言表达形式不相同，要符合学生的实际。首先要做到让学生听得清。对低年级段的学生，语速要缓，到了初中阶段，语速可以逐渐回到正常速度了，但口齿表达也一定要清晰。其次要做到让学生听得懂。对于低年级学生，语言表达要尽可能口语化，把专业语言转化为通俗语言，把深奥的道理转化为简明易懂的内容。例如讲解投掷中的“超越器械”动作时，如果直接把“超越器械”这个词抛出来，解释半天学生也未必听得懂，如果用“向后尽量让器材离身体更远一些”，学生很快就能做出这个动作。再次要做到让学生乐意听。增加语言表达的亲和力，对低年级学生更要注重表达方式，要用接近讲故事的方式来表达内容。对稍高年级的学生语言则应选择互动交流的方式。高年级学生则可以以问题沟通的方式来进行。最后要做到让学生接受快。对低年级学生，语句要短，时间不宜长。随着年龄的变化，语句可适当长一些。需要注意的是，微课的语言是与学生的交流，应尽量避免有说教性的语言，也要避免语言形式化。开始的语言也不能太教条，可以用“你知道脚内侧踢球吗？现在热一下身，跟着微课一起练吧”这样有引导性的语言。在结束时，通常是再见等类似的表达方式，如“做好准备，去练一练吧，老师希望看到最棒的你哦!”。

片头语言(1)

片头语言(2)

2. 微课的文字

微课以视频为主，通过用语言、文字对视频内容进行解读，让学生接受体育与健康基础知识与动作技能。微课的文字仅仅是在视频画面中起辅助作用的，当然不是文字越多越好。从另一方面来看，我们在阅读时，对于太多的文字表述，常常会感到视觉疲劳，如果在视频上阅读文字的话，更容易产生疲劳。视频中如果充满密密麻麻的文字，就会让人分不清主次，视频直接信息不突出。近年来，我们看到许多新手制作的微课往往将文字堆砌在视频中，效果也不好。

（1）文字的表述方式。在体育微课中，文字是根据内容与画面来确定的，其中标题性文字一般以3—5个字为宜，大部分是以一个独立的画面存在的。还有强化性文字，例如排球垫球画面中注明的“插”“夹”“提”就是在动作画面呈现过程中起强化作用的。还有说明性文字，是与画面相结合的，一般来说这些文字也不宜过多，对画面起到补充说明作用即可。

微课中的文字也需要进行推敲。如在足球微课中，笔者所在的团队开始设置的每段小标题文字分别是“视频导入”“合理呈现”“探究思考”“自主学练”，通过这四个的标题，可以看到体育微课的结构是很清晰的。但在研讨过程中，总觉得表述的角度有问题，因为以上四部分表述都是从微课制作者的角度去建构的，如果从学生的学习角度去建构这四部分的内容，又该如何表述呢？经过推敲后，最后确定用“看一看”“学一学”“想一想”“练一练”来作为标题文字。后来我们在设计武术微课时又结合武术的特点确定标题文字为“赏一赏”“学一学”“想一想”“练一练”。

微课中的文字

微课中的文字字体一般宜选用简洁的字体，如黑体、宋体、楷体、仿宋，尽量不要选择花哨的字体，以免喧宾夺主。当然，有些文字的字体要与内容协调一致，例如武术微课中的文字可以用书法体。

体育微课的文字表述也要结合学生的认知水平和实际情况，一般来说，针对幼儿的微课除了片头标题外，基本上没有文字呈现，片头的标题也要通过语言将标题内容表达出来，这样对幼儿阶段的孩子来说就很容易接受，也符合该年龄段的认知特点。小学低年级段的微课则应该在文字上面标注拼音，符合该年龄阶段学生识字的需求。高年级的学生对文字呈现方式的要求相对宽松一些，但也要尽可能地简洁、明了。

（2）字数。微课应该用最少的文字把需要表达的内容讲清楚，也就是说字数越少越好，因为越少越容易被学习者接受。文字的数量与用途是相适应的，作为标题几个字即可，突出强调的甚至只要1—2个字，描述性的文字也是取其关键词，并配以语言描述。例如“足球脚内侧传球”的讲解，一般语言陈述会将支撑脚站位、脚踢球位置、踢球的部位三个位置讲清楚，然后再讲踢球外展、摆腿等一系列动作，如果用文字来描述就是用100个字也不一定能表达清楚，如果配上视频，标明三个位置的关系，可能一个字也不需要。而踢的动作用“摆小腿”“翘脚尖”“送脚跟”几个字来表述，配上语言和画面，学生就很容易理解。

（3）文字的颜色。在微课视频中文字的颜色直接影响着显示效果，进而影响观看微课的效果。文字的颜色应该考虑到视频背景的颜色与文字之间的合理搭配，要基于清晰、协调、统一的原则来确定文字的颜色。一般来说，视频背景的颜色也就是画面主色调，视频中的文字颜色应该与主色调有明显的区分度，这样才能保证显示效果。深色的背景配的应该是浅色的文字，反之浅色的背景配深色的文字，例如蓝色背景配白色文字比较多，也可以配浅蓝色的文字。为了画面的统一性，冷色底宜配冷色字，暖色底配暖色字。文字之间的颜色也应考虑接近度，比较清晰的色彩搭配有黑底黄字、黑底白字、黄底黑字、紫底黄字、紫底白字、蓝底白字、绿底白字、白底黑字、黄底绿字、黄底蓝字等。

需要注意的是，视频中文字的颜色不要过多，否则看上去眼花缭乱反而影响学生的观看。一般情况下，文字的颜色和视频主体色彩以及整体的风格要保持相对协调，同一画面中文字和背景的颜色不要超过三种。在一节微课中，画面之间的色彩和风格要尽量保持一致。如果文字与背景不好搭配时，可以将文字设置成与背景一样的颜色，再对文字予以处理来达到较好的效果。通常的处理方式有两种：一种是文字加边框，如蓝色背景用蓝色字，加上白色或深黄色的边，效果也就出来了；另一种就是在文字上加底色或底纹，这样也可以区分出来。

3.微课的画面

画面是微课呈现的主体，微课画面的质量直接影响学生学习的效果。微课的画面从呈现方式来说，有视频、动画、PPT等；从画面的组合形式来说，有分屏显示、多屏显示、画中画显示等；从画面的技术效果来说，有聚焦、慢放、快放等。优质的体育微课首先在画质上十分优良，让学习者可以在轻松、愉悦的状态下开展学习活动。

（1）画面的呈现形式。体育微课的画面需要根据微课达成的目标来设计，在呈现动作方法时，一般采用简单的动画来表达，这样学生可以获得清晰的动作方法。如“蹲踞式起跑——各就位”中的量步，可以通过PPT进行简单地动画制作，标出前后脚与起跑线的距离，让学生直观地了解各就位时脚的位置关系。为了突出某一部位动作，可以采用聚焦的方式，将重点部位的动作显示出来。在既要体现整体又要突出局部的效果时，画中画的作用就能发挥出来。例如足球的“脚内侧传球”动作，整体画面是运动员做脚内侧传球动作，小画面显示脚踢球的动作。当需要表达左、右动作时，或者表达先后动作时，则采用分屏方式来呈现效果更好。

微课中的文字

（2）画面的背景与前景。微课的画面来源除了动画制作外，拍摄也是一个重要的渠道，这时候就要考虑到拍摄画面的一些因素了。选择拍摄的背景时，要让背景色彩尽量以一种颜色为主，给人以较为清新的视觉感受。此外，背景的元素不能太多、太杂。拍摄对象的服装颜色也要讲究，要能区分出来，突出人物的主体形象。例如，绿色的背景如果是黄色、白色的服装，效果比较好，如果是黑色的服装就很难突出人物。我们在拍摄人像时，首先要考虑人在画面中的比例，构图要自然和谐，一般上下要留有空间，不能顶天立地（见图3）。另外，人物面对的方向应该留有足够的空间。再就是根据动作方向选择拍摄角度，如果动作是前后方向的，拍摄的角度应该在侧面，如果是左右移动的，拍摄的角度应该选择正面。

图3　顶天立地(左)与上下留有空间的画面比较

画面的组合与衔接。在制作微课的过程中，这也舍不得，那也想留下，会导致画面冗余。因此呈现的画面需要精选，使用能支撑动作知识与技能的画面，多余的画面要敢于剪除。微课的视频画面要体现微课的基本结构，我们研究出的“三段法”体育微课的结构是“合理呈现、应用探究、自主学练”，这三个阶段最终需要达到“学得懂、理得透、学得会”的目标。因此，在制作微课时应该结构清晰，有一定的层次性，各部分的画面风格保持一致，并且各部分要过渡自然、衔接紧密，保证画面或声音是连续的。我们平时观看各种视频时，如果画面突然停顿下来，即使时间不长，我们也会急躁或是感到扫兴，甚至有可能放弃观看。因此，我们的微课应当保持画面的连续性，确保可以流畅观看。

（3）画面的元素。体育微课中的画面以适宜、有用的元素为宜，无关的元素尽量不用。多元素充满画面，会让人感觉缺少层次，显得杂乱无章，也容易分散学生的注意力。简洁的画面，给人一种清新的感受，观看时视觉效果会更好（见图4）。

图4　画面简洁、清晰

（4）画面的清晰度。有些微课的画面不够清晰，会直接对学生的学习效果产生较大的影响。影响画面清晰度的因素有很多，与拍摄时的光线、设备、技术、环境等都有关系。体育微课的拍摄一般不建议在室内，因为室内拍摄对光线要求比较高。室外拍摄时光线既不能太强，也不能太弱，一般在上午8—9点钟、下午4—5点钟时拍摄比较适宜，多云天气最好。还应该选择侧光或顺光拍摄，尽量避免逆光拍摄。需要逆光拍摄的，一定要做好补光的准备。微课拍摄对摄像设备要求不太高，一般像素较高的手机和DV机就可以了。手机拍摄时一定要用三脚架，避免画面的抖动。拍摄技术对画面影响也很大，机器平稳是拍摄的基本要求。此外，要选择多角度拍摄，特别是仰拍和俯拍，会获得意想不到的画面效果。拍摄环境对拍摄质量也有很大的影响，要选择环境优雅、相对安静的地方拍摄。

（5）拍摄的素材。拍摄应该考虑到后期的制作，要为剪辑工作做好必要的准备。拍摄只是微课设计制作中的一个组成部分，还要从技术与艺术上掌握镜头摄制与剪接的基本规律。当我们用摄像机记录眼前的景物时，每一个机位的选择，每一次推、拉、摇、移的运作，都要考虑到后期制作时的需求。例如制作时有画中画，拍摄时主景就需要偏一些，以便留出位置放置小画面，这样组成的画面就更自然，不会出现图像过挤的现象。同时，尽量多拍各种角度的素材，为后期的剪辑提供足够的材料。

第四节　体育微课的应用

一、体育微课的用途

微课的初始用途很简单，就是通过互联网传输为学习者提供一个视频学习资源，让学习者可以自主学习。微课进入国内后，其应用外延也逐渐扩大，不但可以用于网络学习，还被赋予了更多的功能。其中，体育微课的应用范围也不断扩大，除了用于体育基础知识传授和动作技能学练之外，还可以用于体育教学交流、学生课外训练、边远山区的学习。特别是在疫情期间，以互联网为架构的网络学习成为主流，通过微课学习也成为线上学习的重要手段。

（一）体育微课应用于体育教研

体育教学研究不单是面对面的研讨活动，还可以借助互联网跨越时间与空间进行有效交流，这大大提高了体育学习的效率。微课是教师教学智慧的高度浓缩，是教师对教学进行深入研究的结晶。在教研中以微课形式交流分析，能够促进教师在教学观念、动作技能、教学风格等方面的迁移和提升，帮助教师短时间内准确地发现教学中的问题，找准提升教学能力的着力点，进而有效地提高体育教师的课堂教学能力，促进教师专业成长。近年来，安徽省合肥经开区体育信息化研究团队结合体育教师发展需要和体育教学特点，利用网络协作平台开展基于微课课例的教研活动，在线上线下相结合的研修中进行探索。特别是在疫情时期，线上以微课为主要载体的交流学习活动十分活跃，疫情后微课的线上学习活动也成为新常态。

1.突破时空限制

在区域体育教研活动中，围绕教研主题的系列微课在教研协作平台中发布后，体育教师可以围绕其观摩交流研讨。这种方式使得学习不再局限于统一的时间内。教师可以在相对自主的时间内学习，结合微课展开思考，高质量地完成任务。网络平台交流不再受到条件的限制，教师可以自由地发表观点，学习微课教学课例的优点，提升自己的教学能力。通过交流研讨，逐步形成以网络为平台的体育教研学习共同体。这种交流与学习形式活泼，内容翔实，参与面广，突破了时间和地域的界限，缩短了教师之间交流的距离，促进了教师的专业化发展。

2. 促进反思与构建

教师通过观看微课能直观地探索体育动作形成规律和学法技巧，发现学生动作技能学习的不足，促进教学反思和构建。对于新入职教师来说，借助微课可以加深对基础知识和动作技能的理解，加快对学习规律的掌握。对学法有了感性认识后，可以为快速适应课堂教学实践创造条件，也为体育教师专业发展奠定基础。

3. 易于深入研究

微课视频具有时间短、主题突出、指向明确等优点，可以围绕一个知识点或技能点深度解析。教师通过观看优质微课，可以深入研究微课中的学法技巧，深度解析教学内容。微课研究聚焦体育教学的具体内容，易于教师深入研讨教学过程，为后续教学提供有效的支撑。教师经过充分的思考后，可与他人交流想法，使得问题的探讨研究更加深入，进而创新课堂教学的思路与方法。

4. 有利教师发展

体育微课的设计制作过程，就是教师研究教材、研究学生和专业发展的过程。呈现的微课体现了教师的教学经历、教学经验、教学能力等综合素养，是教师个人智慧的结晶。体育微课中动作的呈现方法，需要教师对动作规律、动作要领充分掌握，并在其基础上运用合理的技术手段有效呈现。而在应用与探究的过程中，教师要对动作的核心内容进行提炼，提出学生能答、会答、答会的问题。教师在整个过程中始终处于对体育知识和技能的学习和设计探索中，进而完成了对知识和技能的有效建构，促进自身的专业成长。

（二）体育微课服务于教育均衡

1.边远和教学条件薄弱地区借助微课自学

微课教学最大的特点就是不受区域条件的限制，搭上互联网的“高速公路”，把新理念、新方法、新技术传递出去。特别是对边远和教学条件薄弱地区，体育微课能很好地发挥传递先进教学理念的作用。随着国家对边远和教学条件薄弱地区教育投入的加大，这些地区的办学条件得到不断改善，基本上保证了教育信息化设备的正常运用。体育微课的介入，可以把先进的教育理念和学习方法带给师生，指导体育教学的开展。学生通过网络观看微课，按照微课的学练要求进行自主学练，可以弥补教学资源和师资力量的不足，促进教育均衡发展。在实践中，笔者所在的团队也尝试与山区学校建立联系，让该校学生通过微课学习，同时对该校教师进行指导，实现线上以微课为“师”，线下以本校教师为师的“双师制”。

2.跨区域交流

教育具有区域性的特点，不同的地区既有自己独特的教育优势又有自己的教育弱态。跨地区交流是不同地区优势互补的有效方法。体育教师要探究新的课程和新的教研领域，拓展教学格局，提升教学能力，就要开放教学思想，实现体育教学资源共享。体育微课为跨地区交流提供了便捷高效、内容丰富、方式多样的途径。

（三）体育微课服务于学生课外训练

1.帮助学生进行每天1小时家庭锻炼活动

家庭体育锻炼需要有锻炼活动的指导，以便让学生掌握科学的锻炼方法。小学体育微课是家庭锻炼活动的“贴心卫士”。教师按照学生身心发展的规律，要求学生依据微课制作的项目循序渐进地锻炼，完成每天1小时家庭锻炼的任务。这与学校体育教学相辅相成，保证了每天2小时体育锻炼的目标，有利于完善学生身心机能的发展。

2. 课余运动队科学训练的应用

课余训练队的科学训练较为突出的特点就是具有明显的专业性，训练的内容通常枯燥无味，队员对技术动作的有些重难点难以理解和掌握。体育微课可针对训练重难点，设置内容精练、操作性强的动画视频，化机械训练为动静结合的情境导向，促进训练内容的强化和内化。在常规的课余运动训练中，因训练手段的单一性，导致训练出现程式化。体育微课实现了训练资源的有效开发和整合，使得运动训练基础夯实、科学有效。特别对于一些需要介绍游戏方法的训练活动，微课更能发挥它特有的功能。

3. 社团活动的应用

体育微课丰富了体育社团活动的内容，一改枯燥单调的形式，提高了社团活动的质量。社团活动主要是集聚爱好相同的学生，通过组织、训练和比赛达到提高学生运动水平和学习生活能力的目的。快乐的社团活动，源于自主的学习活动。微课模式下的社团活动主要是突出学生的自主学习，采用先学后教的方式开展教学活动。教师首先根据社团活动的内容，确定相应的微课种类，再设计学习目标、任务，预设学习效果，把握学习重难点并使它们在微课中凸显出来，创设社团活动情境，实现个性化教学，提高社团成员的学习兴趣，不断完善社团活动过程，增强社团活动的实效性。

（四）体育微课应用于课堂教学

体育微课的主阵地是体育课堂教学，应用于体育教学的微课包含两个主要功能：一是完成知识传授，二是指导动作学练。这两种功能在体育微课中都有不同的呈现方式和学法指导，进而适应课堂教学的需求。体育微课通常把体育教学中需要讲解、示范的内容包含进去，让学生自主学练，把需要互动、深化的学练活动放在课堂教学中。

1. 课前预习的微课

课前预习的微课是结合课堂教学的需要进行设计的，如学习排球比赛规则时，在课前制作介绍排球发球规则的微课，让学生课前就对发球和换发球有个初步的了解，帮助学生在课堂上学习与掌握。需要预习的微课内容是体育课堂教学的重点内容，是对课堂教学重点知识的提前获取，为体育课堂教学奠定了基础。

2. 课前学习的微课

课前学习的微课有明确的指向性，承担体育课堂教学的部分内容，包括对基础知识的获得和对动作技能的初步掌握。微课学习和体育课堂学习共同承担体育基础知识和动作技能学习的任务，并有明确的任务分工，即微课部分主要是体育基础知识和基本动作技能的学习，课堂教学部分则是对知识的内化和动作技能的深化练习。我们把这种与课堂教学关联度高，各自承担相应的学习任务的课堂教学形式叫作“基于微课的翻转课堂”。翻转课堂的教学形式和具体应用将在后面的章节中作详细介绍。

3. 课中学习的微视频

为什么课中学习不叫微课呢？这与微课的定义有着很大关系。微课是一个完整的教学环节，是一个闭合的教学过程，有动作呈现、问题探究、自主学练和学习反馈等环节，因此也叫“课”。而课中学习是借助视频来引导学习，是呈现引导学练的内容，其问题探究和反馈都是在课堂中进行的，不能称作完整的微课学习。因此，我们把课中的学习视频称为微视频。

自主学练

微视频在课中的应用也非常广泛，有的是利用微视频展示某项目的竞赛场面，用来激发学生的兴趣；也有的是学生课前自主学练视频的展示，供大家研讨学练中存在的问题或用于导入课堂教学内容；还有的是为了满足学生课堂小组合作学习、自主学习需要，让学生观看练习方法视频，学生可以跟着视频进行学练活动。体育课堂中视频呈现的方式也很多，可以用操场的大屏幕来呈现，也可以用电子设备来播放。无论怎么用，用在哪里，课中微视频学习的目的是为提高课堂教学效果。因此，有效性是检验微视频应用的一个重要指标。

图5　教师指导学生观看微课

4.课后拓展延伸的微课

体育微课不但可以让学生进行知识学习与动作技能的练习，还可以帮助学生对基础知识与动作技能进行延伸，拓宽学生视野。这类微课一般用在课后，除了延伸与拓展，也有的用于对基础知识与动作技能的强化。如，对排球比赛规则学习后，通过“位置轮换”的微课让学生学习每次球权后队员位置的变换，从而掌握排球位置轮换的规律与方法。又如，体育课进行耐力跑教学后，学生课后根据微课提供的练习方法进行练习，再根据微课提供的自测指标对练习的运动负荷进行自测，从而达到自主锻炼的目的。

二、体育微课在体育理论课中的应用

（一）体育理论微课的定义

体育理论课是指体育课中向学生传授体育与健康基础知识与基本方法的课程，一般是在教室内授课，也称为室内课，其授课形式与其他学科基本相似，其微课的基本结构也与其他学科相似。

体育理论微课的定义是什么呢？南京师范大学张一春教授结合体育理论课的特点，作了如下表述：体育理论微课是指以先进的体育与健康知识和教学理念为指导，以使学习者获得丰富的体育健康知识为目标，经过精心的信息化教学设计，以视频等形式呈现的围绕某个（某些）知识点开展的精准、简短、完整的教学活动。

（二）体育理论微课的基本结构

体育理论微课是一个完整的教学活动，这个完整的教学活动同课堂教学活动一样，也有特定的教学环节。2011年以来，体育微课中体育理论微课极少，即使有少量的微课，也大都是课堂讲授的翻版，很难看到能够体现完整教学环节特点的微课。那到底体育理论微课的结构怎么建立？其建立的依据又是什么呢？

首先，想要学生获得体育与健康基础知识，需要有一定的传授方法；其次，体育与健康基础知识的习得是有一定规律可循的，发现问题、思考问题、解决问题的过程就是探究的过程；再次，获取的体育与健康基础知识后需要强化与巩固，需要应用到实践中，为课堂创新服务。由此看来，体育理论微课至少需要知识传授、知识探究、自主学习三个主要环节。知识传授部分主要是将体育理论知识向学生有效传授，让学生对体育与健康基础知识有一定的了解。体育知识探究环节则是揭示体育与健康基础知识的内在规律。自主学习则是在熟悉体育与健康基础知识的前提下，对知识进行强化和应用。

（三）体育理论微课的学习方法

由于传授的体育与健康基础知识内容不同，体育理论微课所采取的呈现方法也各异。结合体育与健康基础知识常规的传授方法，本节将对体育理论微课运用的方法进行解读。

在知识传授方面，面临两个主要问题：一个是怎么进行知识传授，另一个是如何让学生主动学习。新课程改革要求改变教学方式和学习方式，首先需要摒弃的就是我“教”你“学”的低效率的教学方法。微课强调的是学生的自主学习，互动显然不太可行，面对面的提问方式也不允许，那如何实现知识传授呢？知识传授的方法与内容有很大的关系，不同的内容采取的方法也不同，要结合知识的结构和规律来寻求适合的呈现方法。如果是体育锻炼方面的知识，可以用呈现锻炼方法与过程的视频来教学，同时以一些技术课件来支撑。如果是健康知识，则要根据内容制作课件。如为了呈现“传染病防治”中感冒病毒的传播过程，可以制作病毒在人体滋生扩散并从呼吸道出来，在空气中飘动，再进入另外一个人体的动画，直观呈现出病毒的传播途径。

感冒病毒的传播过程演示

理论微课的探究环节，首先要确定探究的点，探究的问题一定要是重要的问题或者是难以理解的问题；其次探究的问题要难易适中，问题浅显的无需探究，问题太深奥了无法探究，这些问题一定要与学生的认识水平和思维水平相吻合，让学生能探究、可探究；再次，问题应尽可能是开放性的，帮助学生发散思维、积极思考，在多个答案中寻求最佳答案。最后，微课中需要探究的问题，尽量不要在微课中作答，要给学生思考的空间，然后在课堂上自由表达观点，帮助学生在课堂上实现合作与探究的过程。

微课的自主学习环节是巩固体育与健康基础知识的重要手段，分为概念性学习和应用性学习。概念性的自主学习就是在现有知识的基础上，通过设置不同的练习，建构知识体系。一般为进阶练习，形成难度梯度，达到巩固知识的目的。应用性的自主学习是在知识建构的基础上，重视知识的应用，把体育与健康基础知识和身边的生活常识相联系，在应用中完成对知识的巩固。例如：肠道传染病的预防主要是预防病从口入，那么就应该让学生反思自己平时不好的卫生习惯，再分析传染途径和预防方法，以应用促进学生对知识的理解。

（四）体育微课的驱动学习

体育与健康基础知识学习尽管对青少年建立良好的体育与健康习惯十分重要，但是由于知识的学习比较枯燥，加之学习方式简单，学生的兴趣很难被激发出来。体育理论微课也是如此。研究表明，在布置微课学习任务后，小学生的观看率为37.2%，初中生的观看率也只有43.7%。如何有效提升学生的观看率，提高学生观看微课的效果，是微课学习需要解决的一个重要难题。

学生学习的主动性不解决，学习就很难达到预期效果。笔者团队发现，纸质作业的收缴率一般都在98%以上，采用布置纸质作业的方式能不能有效解决学生学习主动性低的问题呢？前文提到，笔者团队设计了以问题为导向的“课前自主学习任务单”，用以解决知识传授过程中被动学习的问题，效果很明显。

三、体育微课在实践课的应用

身体练习活动是体育教学区别于其他学科的一个显著特点。体育微课最重要的作用是服务于体育课堂教学，那么体育微课在体育实践课中怎么应用呢？体育微课强调学生自主学习，但也会有一些不能自主学习的技能项目和内容不宜制作成微课。基于此，我们把体育微课从应用角度进行了分类。

（一）基础知识和动作技能学习型微课

学生基于微课的学习必须是在安全环境下的独立学习活动，而我们许多体育运动项目是需要别人给予帮助和保护的，例如体操类的大多数项目。还有一些项目受场地和器材的限制，在家里也很难完成，例如游泳和体操中的单杠、双杠、跳箱等。还有一些项目在进行个性化练习时很难保证安全，例如田径的投掷类项目。那么是不是这些项目就不能制作微课，就不能供学生自主学习了呢？对于这类项目，微课应主要完成两项任务：一是让学生学习基础知识，二是让学生理解动作技能，只是不再做身体的练习活动了。这类微课一般用作课前预习、了解和拓展，而不宜进行自主练习活动，主要为课堂教学的实施做好知识方面的准备。

（二）基础知识和动作技能拓展型微课

课堂教学中的知识传授量是有限的，我们有必要在课堂学习的基础上进行知识的拓展。微课学习可以帮助学生掌握更多的知识，对课堂知识进行巩固和强化。拓展型微课严格来讲是基础知识传授的微课，但又是体育实践课的延伸与补充。例如学习“排球的位置轮转”时，如果我们制作演示排球比赛中发球、换发球、轮转、接发球的微课，学生就可以通过微课学习和角色模拟，学会排球比赛中发球到轮转的流程，为实际比赛做好知识储备。

（三）基础知识和动作技能练习型微课

我们在长期的微课应用研究中得出结论，基础知识和动作技能练习型微课主要是用于体育课的课前学习，而课前借助微课进行自主学练主要有预习和学练两种。

用于预习的微课主要是为课堂学习打下基础，这种微课往往目标不具体，对学生知识与技能掌握的程度不明确，其目的仅仅是为了课堂教学做一些必要的基础知识与动作技能准备。这类微课的使用者大部分是对信息技术应用不太熟练或基础条件薄弱地区的师生。这个阶段的学习活动是课堂教学的补充，微课的应用流程就是微课学练+课堂练习。

用于学练的微课实际上就是基于微课的翻转课堂。微课学练的目标非常清晰，要求学生在知识方面有效掌握，技能方面学会基本方法与步骤。微课学练是课堂教学不可或缺的一部分。尤其关键的是，学生的微课学练结果需要通过一定媒介向老师反馈，老师要根据学生自主学练的程度，分析学生的学习情况，制定与学生学习需求相符合的课堂教学方案。体育课堂上，教师围绕方案组织学生进行深度练习，实现知识内化和技能提高。教师又能精准地指导学生的学练活动，实现翻转课堂教学的高层次目标。这个阶段的活动与预习类微课的最大区别在于，学生自主学练的结果需要提交，教师根据提交结果进行有针对性的活动设计。这类微课的主要流程就是微课学练—学练效果上传—教师制定策略—课堂深化练习。

第三章　体育翻转课堂

第一节　翻转课堂的基本情况

在传统体育课堂中，教学方式往往是教师讲学生听，较为枯燥，很难达到预期效果。但基于微课的翻转课堂生动有趣，能够激发学生的学习兴趣。体育教学中有些项目动作速度很快，几乎是瞬间完成，中间也无法停滞，学生很难观察清楚。如果采用视频慢放，学生就能清晰地观察动作，习得效果会更好。通过微课让学生提前学习基础知识与动作技能，再根据学生的学习情况制定体育课堂教学策略，弥补了体育实践课教学中的不足。

一、翻转课堂的由来

2007年，美国科罗拉多州落基山林地公园高中的乔纳森·伯尔曼和亚伦·萨姆斯两位化学老师起初为了给缺课学生补课，录制了PPT演示文稿和讲课视频发给学生。后来其他学生也观看视频，时间长了课前看视频学习成为一种重要的学习方式，把传统“上课听老师讲解，课后做作业”的授课方式反转过来了，至此林地公园高中也成为翻转课堂的发源地。2011年，他们出版了第一本翻转课堂研究专著《翻转课堂：每天抵达每一个班的每一名学生》（*Flip Your Classroom: Reach Every Student in Every Class Every Day*）。书中系统地介绍了他们在实践教学中摸索出的翻转课堂的实施策略。2011年，美国中小学开始利用翻转课堂进行教学，教学效果很好，并逐渐得到推广。

2011年，翻转课堂被《环球邮报》评为"影响课堂教学的重大技术变革"。同年，萨尔曼·可汗公开倡导"用视频重新创造教育"，引发全球教育者对翻转课堂教育模式的关注。其后，可汗学院为翻转课堂提供免费教学视频，慕课也提高了翻转课堂学习者的参与性，翻转课堂的影响逐渐扩展到全球。

二、国内翻转课堂的发展历程

早在1998年，山东的杜郎口中学就提出了"先学后教，以学定教"教学模式，以导学案形式，用纸质的课本和习题册让学生课前学习，课堂根据学生的学习情况解决问题。这与后来的翻转课堂有着异曲同工之处，学习方式高度相似，只是一个是借助视频，一个用的是纸质材料。可以这样说，杜郎口中学的这种教学方式是我国翻转课堂教学的雏形。

2011年，重庆市聚奎中学在美国林地公园高中翻转课堂模式的基础上，结合学校的特点率先实践翻转课堂教学，成为国内将翻转课堂应用于实践的第一所学校，进而在国内中小学教育界引起了强烈的反响。

2013年，山东昌乐一中开始在全校范围内推进翻转课堂。除音体美外，翻转课堂涵盖了大多数学科。该校建构了"两段四步十环节"的翻转课堂模式，并将这种模式有效应用到课堂教学中。该校的翻转课堂教学实践活动在全国引起持续性的反响，国内中小学纷纷效仿

“昌乐模式”。

2012年，国内对翻转课堂的理论研究开始于张金磊等发表的《翻转课堂教学模式研究》一文。在国内外教学实践课例研究的基础上，该文首次构建了翻转课堂的教学基本模型，客观总结了我国学校在实施翻转课堂过程中遇到的挑战。

伴随着翻转课堂进入国内，翻转课堂的本土创新研究始终没有间断。2013年12月，江苏省苏州市电化教育馆馆长金陵撰写《建构中国特色的微课程教学法》一文。在本土创新理论的支撑下，苏州电化教育馆金陵团队进行了翻转课堂的教学实践，以组织“翻转课堂本土创新暨微课程教学法观摩活动”的方式持续地向全国推广。此后，翻转课堂在全国各地高校、中小学都进行了大面积的实践，翻转课堂的教学由简单应用向提升课堂教学质量的深度发展。

三、体育翻转课堂

21世纪初，国内翻转课堂教学实践活动风生水起时，体育学科的翻转课堂研究与实践活动却一直沉寂。2014年起开始有关于体育翻转课堂教学的文章，其中广西机电职业技术学院人文系的卓倪、广西电力职业技术学院教务处的陆春桃发表《翻转课堂模式在高职院校体育教学中的应用研究》一文，第一次涉及体育翻转课堂在高校的应用。此后关于体育教学中翻转课堂的文章逐渐增多，基本上都是高校的翻转课堂应用研究，反映中小学体育翻转课堂教学研究的却很少。即便在全面推进翻转课堂教学的山东昌乐一中，翻转课堂在体育学科中也一直没有开展起来。

2015年，笔者牵头组织的安徽合肥经济技术开发区体育信息化研究团队在研究体育微课设计、制作与应用的过程中，着手研究基于体育微课的翻转课堂教学实践活动。经过几年的实践研究，翻转课堂在中小学体育教学中的应用模型初步形成，建构了“两段三单”任务驱动下的翻转课堂模式。2017年3月，笔者在第三届全国翻转课堂本土创新暨微课程教学法观摩会上交流《翻转课堂——中小学体育的金钥匙》一文，首次系统地阐述了中小学体育翻转课堂的基本模式。同年11月16日，中国教育科学研究院于素梅博士来安徽调研，在合肥经济技术开发区观看了由袁圣云、杨文涛分别展示的小学、初中基于微课的翻转课堂，并给予充分肯定。2018年4月1日，王鹏等两位老师在第三届全国翻转课堂本土创新暨微课程教学法观摩会上分别展示了小学、初中基于微课的翻转课堂教学，引起了与会人员的强烈反响。2018年11月16—18日，中国教育科学研究院主办的大中小幼一体化体育课程建设研究推进会在安徽合肥举办，会议展示了从幼儿园到高中4个学段的基于微课的翻转课堂，以学生为主体的“自主、合作、探究”活动贯穿于课堂教学中，每节课的练习密度都在60%以上。学生享受体育乐趣的同时，体质得到了增强，人格得到了发展，意志得到了充分锤炼。合肥经济技术开发区成为基础教育成体系研究和开发基于微课的翻转课堂的首个区域。

第二节　翻转课堂的策略

从现有的体育翻转课堂模式来看，基本上是其他学科翻转课堂模式的翻版，与体育教学结合的很少。2015年以来，我们在体育教学应用中不断探索基于微课的翻转课堂的机制，多维度思考翻转课堂与体育教学的关系。

一、体育翻转课堂

体育翻转课堂借鉴了其他学科翻转课堂的模式，也结合了体育学科的特点。基于微课的体育翻转课堂教学分为两个学习阶段，即课前借助微课自主学习与练习阶段，和课堂上开展的以提升动作质量和熟练度为主要目标的学习与练习阶段。

由于体育教学以身体练习为主要内容，在微课学习阶段和课堂学习阶段都要进行身体练习活动，这是体育学科与其他学科的根本性区别。

本章的体育翻转课堂特指应用于体育实践课的翻转课堂。体育与健康基础知识内容的教学，其教学方式与其他学科相似，都是以知识传授为主要方式，这里不做重点介绍。

二、体育翻转课堂的层次目标

体育教学中基于微课的翻转课堂有着两个不可或缺的阶段，一是微课的自主学习阶段，二是课堂的学练提升阶段。围绕这两个阶段展开不同形式的教学活动，是翻转课堂区别于传统课堂的一个显著标志，也是核心素养环境下培养学生体育精神、运动实践能力，促进其健康成长的重要内容。微课学习阶段完成效果如何，直接对课堂教学产生影响。因此，微课也应该制定相应的目标，与课堂教学目标相配合，围绕各自目标开展一系列的教学活动。

（一）微课学习阶段

体育微课学习阶段包括动作知识的学习与动作技能的自主练习。微课学习是一项有目的性的学习活动，是有目标达成需求的。围绕这个目标，教师要设计微课的呈现、探究和自主学练等各个教学环节，从而指导学生进行动作知识的学习与动作技能的初步练习。

微课的学习是学生自主练习的过程，难免存在错误，而这些错误是学习者本身很难自纠的。因此，体育微课的自主学习就应该有一定的容错率，需要在课堂上提升动作质量与效果。

（二）课堂学习阶段

在翻转课堂教学设计中，需要根据微课自主学习和课堂学练的不同阶段分别制定相应的目标。因此，体育教学中基于微课的翻转课堂的两个阶段，也要相应地制定微课自主学习阶段目标和课堂学练阶段目标，也叫“层次目标”。“层次目标”能产生组合效应，共同完成与教学内容相适应的总目标。

微课学习阶段要求学生初步了解和掌握知识点和技能点，而课堂教学是建立在微课学习基础之上的，是知识内化和技能强化的教学阶段。所以，翻转课堂的课堂教学阶段，不再拘泥于传统课堂教学目标的设定。由于知识传授和动作初步学练部分已经在微课学习中完成，翻转课堂教学的目标需向更高层面构建，在知识传授方面，要从了解知识上升到内化知识，强化知识的实际应用；在动作练习方面，要从基础练习上升到提升动作质量。课堂上师生间精准指导、生生间协同合作，完成主动学习的过程，还可以通过设计不同层次的练习，满足学生的个性化差异。

（三）翻转课堂“层次目标”应用

1. 微课学习目标和任务

学生微课的知识学习与技能练习一般是独立完成的，自主学习能力十分重要。因此，微课学习阶段一般应设置通过学生自主学习能完成的目标。比如在“脚内侧运球”的微课中，可以制定微课自主学练的目标：①理解脚内侧运球时脚触球的位置及正确的向下“推与压”的动作；②能确定支撑脚的位置、运球脚与球的接触部位，能用推压动作将球向前侧方平稳推出；③培养自身通过网络信息平台学习和自主学练的能力。微课阶段设置以上三个目标，可以帮助教师确立微课的学习方向和学习目的，为课堂教学目标的实现创造必要的前提。

微课是一个初步学习的过程，因此，不宜设置一些要求较高的任务。比如，在小学阶段“两脚交替跳绳”的学习任务设置中，可以设置难度不同的三个任务：①连续交替跳5次；②连续交替跳10次；③连续交替跳20次。没有时间要求，没有速度要求，只要学生能够保持动作的连续性和稳定性就可以了。在这里必须提出的是，学生的技能学习目标不宜以速度指标来衡量，因为这样会造成学生为了达成速度目标，而改变动作形态和完成的节奏，动作技能的形成就会受到影响。

2. 课堂教学目标

翻转课堂的课堂教学阶段，相比传统的课堂教学，少了动作知识和动作技能的初步学习，而是可以有效地开展个性化学习、自主学习、合作学习、探究学习，学生的主体作用得到有效发挥。在高质量完成动作的基础上，将动作运用到实践中，让学生获得成就感。活动的过程就是学生体育核心素养有效培育的过程。在“脚内侧运球”的课堂教学实践中，制定的课堂教学目标可以是：①结合已学脚内侧运球知识，将推压动作合理运用到运球中；②通过组内协同合作，所有同学能以正确的脚内侧推压球的动作完成向前运球，85%以上同学能运用正确动作自主短间距绕碟运球，30%以上同学能变向快速绕碟运球；③培养学生足球兴趣和主动练习、合作学习的能力。

由此可见，课堂教学目标首先要完成知识内化和对练习行为的评价，其次是采取小组协作学习和个性化学习手段获得最佳学习效果，最后就是达成身体素质和核心素养的培育目标。

第三节　翻转课堂的设计

一、体育翻转课堂的基本环节

体育翻转课堂在微课学习阶段不但要完成知识学习的任务，还要完成动作练习的任务。其他学科教师检测学生微课学习任务完成的情况时，通常是要求学生在线上或线下提交任务单，但检查体育微课学习时，不但要提交任务单，还要把练习的图片或视频通过平台提交给老师。如“脚内侧运球”的微课学习中，学生既要线上学习“脚内侧运球”的动作知识，还要根据微课的学练方法指导，进行运球动作中的推压、跟进等身体练习，最后将动作完成的图片或视频发送给老师。课堂教学不但要让学生将基础知识有效地应用到练习中，完成知识的内化过程，同时还要开展以提高动作质量为主要目的学习活动。学生在微课学习的基础上，对初步学习的动作展开个性化练习，协同合作、有效探究，最后展示学习成果。在微课学习与课堂教学之间，教师评阅学生提交的“课前自主学习任务单”，观看和分析学生上传的图片或视频，判断学生对知识和动作的掌握情况，精准地分析学生习得情况，制定科学有效的课堂教学策略。比如，“脚内侧运球”课中，笔者团队从收集的视频中分析得出：学生中能正确掌握运球时脚、球、支撑脚位置的有33名，能正确推压运球的有25名，而学生共同的问题是脚内侧运球推压动作中，推和压的动作没能体现。

教师在制定课堂教学策略中，就可以有针对性地组织学生进行学练。通过个性化学习、合作学习、探究学习等多种方式，提高脚内侧运球动作的熟练性。

综上所述，可将体育翻转课堂的教学环节归纳为：微课发布—自主学练—资料收集与分析—制订教学策略—课堂教学。

二、“任务驱动”下的体育翻转课堂

（一）体育翻转课堂相比传统课堂的改变

1. 教学过程的改变

传统体育课堂的基本流程是，通过讲解示范传授体育的基本知识与动作技能；通过组织练习，使学生掌握动作技能；通过课外强化，巩固学生技能的掌握，增强其动作技能的熟练性。

翻转课堂则不同，主要是利用视频让学生课前预先学习基本知识与动作技能，课堂教学在学生已经自主学练的基础上，开展以练习为主的学习活动，进一步规范学生动作，提高动作质量。由此看来，翻转课堂的教学形式是把学习前置，让学生课前自主学习，提高学生学习的能动性。相对于传统课堂来说，课堂上减少了很多讲解示范环节，让学生有更多的时间可以练习。体育课只有活动起来了，才会激发学生的运动兴趣。

表 8　体育翻转课堂与传统课堂教学过程的比较

课堂形式	课　前	课　中	课　后
传统课堂	无学习活动	讲解示范、动作学练	巩固强化
翻转课堂	自主学练	动作学练、质量提升	无学习活动

2. 学习方式的变化

传统体育课堂的教学方式基本上是“我教你学”，凸显教师的“教”，学生处于被动地“学”的状态，按照教师的要求完成学练活动。这种学练活动一般无法满足个体需求。

体育翻转课堂则强调学生自主学习。学生由“被动地学”转化为“主动地学”，学习活动基于学生的个体需求而形成，在教师与学生之间、学生与学生之间实现有效互动。

翻转课堂实现了教与学方式的根本改变，以“学”促“教”。学生围绕学习的需求进行有效练习，小组学习、自主学习、合作学习、探究学习成为学习的主要形式。

3.教学效果的变化

翻转课堂在形式、手段上不同于传统体育课堂，有效提升了教学效果。基于微课的翻转课堂教学，在微课阶段实现了知识的传授和对动作的初步学习，体育课堂上不需要再有细致的讲解与示范，节省出更多时间让学生精讲多练、少等多动，大大提高了练习密度。笔者团队开展的翻转课堂与传统课堂同题异构的对比实验表明，翻转课堂教学的平均练习密度为75.45%，最低在72.84%，最高达到79.37%，相对传统教学平均练习密度的52.95%高出22.50%个百分点（见表9）。

表9　翻转课堂与传统课堂学生练习密度比较

课的名称及学段	翻转课堂	传统课堂
篮球：单手肩上传球（初中）	75.75%	51.92%
田径：蹲踞式起跑（初中）	79.37%	39.69%
田径：4×50米接力（小学）	72.84%	60.56%
武术：撩拳收抱（小学）	73.83%	59.63%
平均值	75.45%	52.95%

体育教学是以身体练习为主要内容，其主要目的之一是增强体质。为了达到这一目的，除了给予学生更多的锻炼时间以外，还要在有限的时间内达到一定的运动强度。上述实验还记录了参与不同课堂学生的心率变化。翻转课堂中，学生的最高心率为204次/分钟，平均心率

为137次/分钟；传统课堂中，学生的最高心率为186次/分钟，平均心率为126次/分钟。两个数据比较来看，翻转课堂的运动强度明显高于传统课堂。

此外，翻转课堂中的某学生心率曲线显示前12分钟（准备活动）为心率上升阶段，心率处于120—150次/分钟，符合准备活动时的要求；15—36分钟时间段内，学生的心率从开始时的120次/分钟逐渐上升，在后期出现144次/分钟、192次/分钟、204次/分钟三次高峰，但时间持续不长（见图6）。而该生在传统课堂的心率曲线显示，前12分钟（准备活动）心率逐渐上升，处于126—144次/分钟，符合热身活动的基本要求；15—36分钟时间段内，该生心率先是处于150次/分钟左右，出现了174次/分钟的峰值，时间持续也不长（见图7）。这个峰值处于中等强度的高位。纵观全课，翻转课堂的运动负荷明显比传统课堂大得多，更能有效地增强学生体质。

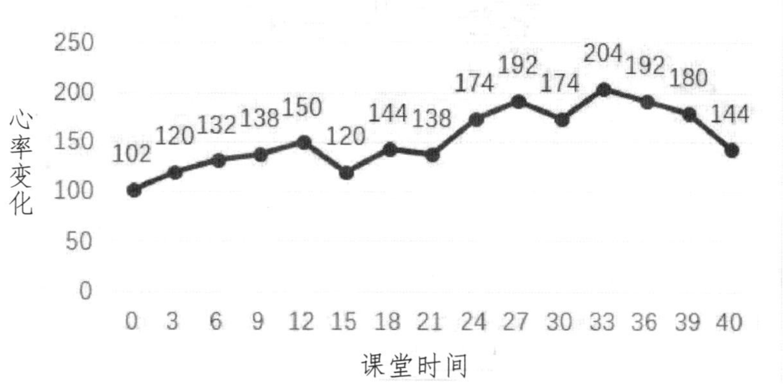

图6　武术课翻转课堂中某学生心率曲线

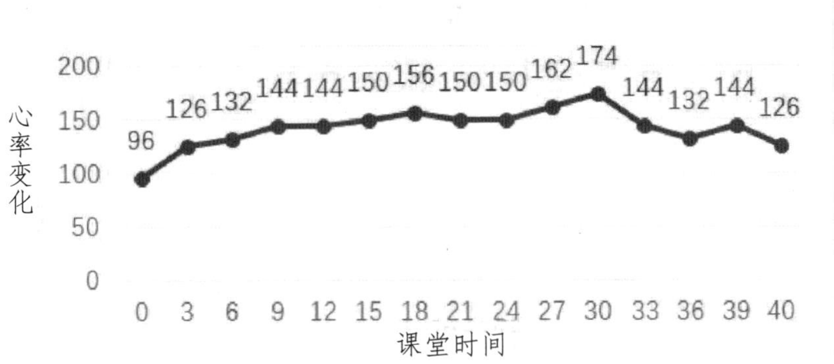

图7　武术课传统课堂中某学生心率曲线

我国体育教学传统的“我教你学”的模式，让学生的主体作用基本上没能体现，所谓的“启发式教学”也总是停留在“我问你答”的低级互动形式上。尽管自2003年开始，新课程改革倡导与实施至今已经近二十年了，我们的体育课堂仍没有根本性的改变，不能真正实现“自主、合作、探究”的学习方式。翻转课堂上，学生先通过微课进行自主学练，有效地提高了学生学习与练习的主动性；体育课堂上，在学生对基础知识和动作技能已经初步理解的基础上，教师可以把更多的精力放在如何组织学生“练习”上，在帮助学生熟练动作和提升动作质量上下功夫。通过翻转课堂与传统课堂同题异构的教学实验表明，两种类型的课上，师生互动程度存在明显的差异，翻转课堂上，学生更加积极，师生互动更多，课堂氛围也更好。

翻转课堂上，学生动作技能的学习效果会有什么样的变化呢？我们在课堂教学的对比实验中，设置A、B两组专家现场观察学生动作技能掌握情况，然后运用量表进行量化。结果表明：翻转课堂上学生动作技能掌握情况评分的平均值为8.76分，传统课堂为6.61分，两者在动作技能掌握方面有明显差异，翻转课堂高于传统课堂2.15分。从单个项目的运动技能掌握情况来看，篮球单手肩上传球、4×50米接力分别有3.00、2.72分的分差，证明了翻转课堂在让学生掌握动作技能方面远远优于传统课堂（见表10）。

表10　翻转课堂与传统课堂学生动作技能掌握情况评分比较(满分10分)

课的名称及学段	翻转课堂	传统课堂	分　差
篮球:单手肩上传球(初中)	9.22	6.22	3.00
田径:蹲踞式起跑(初中)	8.67	7.44	1.23
田径:4×50米接力(小学)	8.83	6.11	2.72
武术:撩拳收抱(小学)	8.3	6.66	1.64
平均值	8.76	6.61	2.15

在实验中，我们设置A、B两组专家现场观察学生品德行为方面的情况，并运用量表进行量化，结果发现，在影响学生品德行为方面，翻转课堂较传统课堂教学效果更明显，平均值的分差高达2.63。而小学阶段的分差大于初中阶段，分别为5.39和2.44。这表明小学生品德行为可塑性很大，是体育课中进行品德教育的最佳时期（见表11）。

表11　翻转课堂与传统课堂学生品德行为评分比较(满分10分)

课的名称及学段	翻转课堂	传统课堂	比　较
篮球:单手肩上传球(初中)	8.44	5.78	2.66
田径:蹲踞式起跑(初中)	10.0	10.0	0.00
田径:4×50米接力(小学)	10.0	4.61	5.39
武术:撩拳收抱(小学)	7.22	4.78	2.44
平均值	8.92	6.29	2.63

（二）“任务驱动”机制

体育与健康课程要坚持“健康第一”的指导思想，激发学生的运动兴趣，培养学生体育锻炼的意识和习惯，以学生发展为中心，关注地区差异和个体差异，保证每一位学生受益。促进学生的健康发展，应该以学生为主体。

学生主体作用如何发挥，怎么引导学生自主、合作、探究学习成为摆在体育教学中的最大难题。笔者与团队成员一起结合翻转课堂实践，建构了“目标引领、任务驱动、学练一体”的任务驱动模式，即以目标为引领，以任务为实施过程要求，结合课堂的学与练，让学生围绕目标的实现完成练习活动。这种任务驱动机制能够有效引导学生自主学习，发挥学生的主体作用。任务驱动的概念在前文的微课设计中已经做过介绍，在此不再赘述。

（三）任务驱动方法

体育翻转课堂最大的优势就是把体育知识的传授环节和对基本动作的简单学练在微课学习阶段就完成了，让学生在课堂上有更多的体育活动时间。而如何让学生主动地动起来，合作地动起来，是我们在课堂教学环节要解决的一个重要问题。

我们把问题聚焦在驱动学生自主学习上，那就要解决自主学习学什么、怎么学、学得怎么样的问题。

1.给定一个总目标

体育课堂上，动作技能的学习是其重要内容。在小组学习时要给定一个总目标，以小组为团队来完成这个目标。目标的设定应考虑学生的实际情况，可以设置多级目标。基础级别的目标应该是团队合作努力之后都能完成的目标。再高一个层次的应该是提高级目标，是占一定比例的学生经过努力可以实现的目标，这个目标学生的实现比例一般在40%—60%左右。最后，挑战级目标学生实现比例一般在20%—30%之间，小组里有1至2位基础好、能力强、学得好的学生可以完成。

表12　小组学习多级目标层次比较

目标等级	小组实现比例	等级设置说明
基础级	100%	容易：小组合作学习后，学生都能完成的目标
提高级	40%—60%	有难度：小组合作学习后，通过努力一部分学生能完成的目标
挑战级	20%—30%	较难：小组中个别同学可以挑战成功的目标

2. 确定练习内容

体育教学实践中，小组怎么学始终是一个很难解决的问题。总的学练目标确定之后，小组可以根据任务来进行学习。但我们的对象毕竟是中小学生，让他们围绕总目标展开自主学习难度也是非常大的，因此要确定具体的练习内容，让学生有项目可练，有内容可学。学习内容应该有一定的层次性，让学习过程由易到难、由浅入深。例如：排球的垫球学习中，可以先体验触球部位，再学习压腕、夹臂、提拉动作，接着做自垫合作、互垫合作、小组垫球游戏等。教师给出练习的方法，让学生按照这些方法有步骤地进行合作学习，目标是全组同学都能完成基本的垫球动作。

3. 达成练习目标

传统的练习只强调内容与方法，只要求按照一定的内容与方法去解决怎么练的问题，却没有解决练得怎么样的问题，而翻转课堂“任务驱动”下的小组练习不但有练习内容和方法，更重要的是确定了每个练习内容的目标。为满足不同学生的个性化需求，同样可以设置三级目标，让不同能力的学生达成不同的目标。这些任务的分配对象是不同的，既对每个人确定学练的目标，又对小组确定目标。个人目标以实现基础级为基本要求，同时也给予一定的提升和发展空间；小组目标是以全组所有成员都达成基础目标为基本要求，同时也给予小组提高和挑战的目标，这样给小组施加一定的学习压力，促使学生通过团队合作来实现全组的目标。当然，微课的学习内容较为基础，对于简单的学练内容，则不一定要设置三级目标。是否设置三级目标主要看学生在学练水平上有没有差异，没有差异或差异不好区分的情况下，也就不需要设置三级目标了。

（四）翻转课堂模式

体育教学中的基于微课的翻转课堂在微课学习阶段的目标任务与其他学科有明显的区别。我们的研究团队为了有效解决学生愿学、能学、学会的问题，让学生主动学习基础知识与动作技能，在知识传授的部分，设置以问题为主的“课前自主学习任务单”，让学生围绕问题的解答在微课中找答案。

微课的动作技能学练部分，是在知识学习的基础上完成的身体练习活动。我们团队研究出“目标引领、任务驱动、学练一体”的任务驱动方法，这种方法就是给定学练的总目标，再围绕总目标分解，结合学练内容下达相应的学练任务，让学生可以在独立环境下进行自主学习，达成相应的目标。需要指出的是，在微课阶段的独立学习，由于缺少必要的指导，学生很难及时发现错误，纠错也仅仅是对照视频进行自纠。这一阶段的掌握情况是基础的、简单的、粗糙的，甚至个别同学习得的动作是错误的，但这是动作技能学习的最初过程，是为课堂教学的实施提供铺垫。

如何把课堂还给学生，一直困扰着我们这些体育教育者，如何“放”的问题着实让人一时找不到解决渠道。在体育课堂上一放就乱的情况十分普遍。笔者所在团队的研究表明，“放”给学生时需要让学生带着任务，有放有收才能有效促进任务完成。不但每位学生有自己的任务，每个小组也要明确小组成员应该完成的任务，让个人和团队都有完成任务的目标，围绕这些目标的达成来展开学习活动。此外还要给予一定的指导，让学生清晰地知道怎么练习，促进学生提高熟练程度和动作质量。有练习内容，有方法指导，学生每个学习与练习的任务中都有明确具体的目标，并且这些目标同样包括基础、提高、挑战三个层级（见图8）。

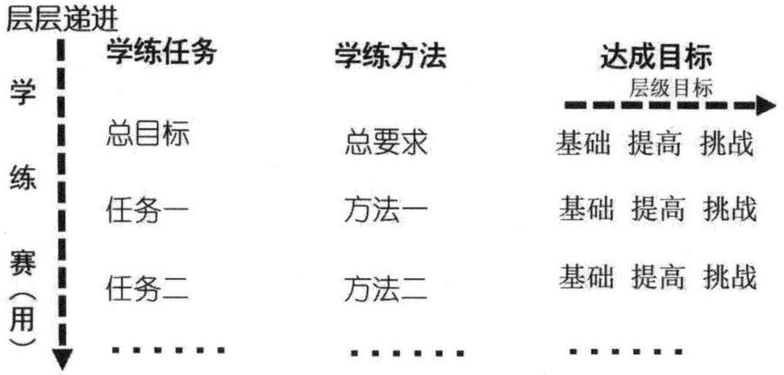

图8 “任务驱动”下的小组学习模式

由此看来，“任务驱动”贯穿于从微课阶段的知识学习、自主学练到课堂上的小组学习的整个过程，驱动知识学习和动作技能学习的两个重要阶级。在微课阶段，从知识和技能的呈现到动作技能的应用与探究活动，再到进行自主学练的三个环节，都是“任务驱动”下的学习活动；课堂学习阶段，为了充分发挥学生学习的主动性，“任务驱动”同样从小组学习的开始贯穿到结束。

第四节　翻转课堂的应用

体育翻转课堂与其他学科不同的是，既有基础知识的传授，又有动作技能的学习，这就让我们思考，翻转课堂与普通课堂相比，是不是有信息技术的介入就会产生课堂的根本性变革呢？信息技术环境下的体育翻转课堂是对体育教学形成有效支撑，突破传统的学习模式，因此，围绕新课程标准的核心内容，体育翻转课堂教学借助信息技术实现课程优化就成为不可或缺的任务。

一、体育翻转课堂的应用类型

体育课的翻转课堂，有以知识传授为主要方式的体育与健康基础知识课程和以动作技能学习为主要形式的体育与健康动作技能课程，如果更精细地去分析，体育与健康基础知识课程又有体育知识和健康知识等，体育与健康动作技能课程又根据不同的项目来进行分类。

（一）体育理论课翻转课堂

体育理论课主要的学习场所是在教室，也称为室内课，主要是体育与健康基础知识的学习。这类课翻转课堂的微课学习部分是围绕知识点开展的学习活动，是为课堂教学的知识内化与深化提供前提。如："传染病的预防"课中，主要知识点是传染病的传播途径，可以将传染病的传播制作成微课，让学生了解传染源、传播途径和易感人群，同时知道有飞沫传播、体液传播、接触传播等途径。课堂上教师在学生掌握知识的基础上，实现生生之间、师生之间的互动学习活动，还可以结合学生生活和社会实际开展一系列的预防实践活动。

（二）体育实践课翻转课堂

1.体育实践课翻转课堂学习内容的局限性

体育动作技能因为需要练习活动，而练习活动受到场地、器材条件和安全等因素的影响，很多项目并不适合微课学习阶段的自主学练。体育实践课翻转课堂的两个重要阶段就是微课学练阶段和课堂学练阶段，如果没有微课学习阶段，缺少前置学练部分，翻转课堂的整个学习链就会断裂，就不能称之为体育实践课的翻转课堂。因此，具备微课自主学练条件的项目都可以作为体育实践课翻转课堂的学习内容，尽管受到环境的约束，可以在翻转课堂中学练的项目还是占绝大部分，如田径的大部分项目、武术、徒手操、持轻器材等都可以在翻转课堂中学习。

2. 翻转课堂与体育动作技能的关联

由于体育动作技能内容广泛，各自的特点也不尽相同，因此翻转课堂应用于体育实践课教学时，从项目中选取的内容也不尽相同。有的是整个项目都可以通过微课自主学练。如，立定跳远的翻转课堂，微课学练部分主要是“蹬摆”动作的学练，课堂练习部分则是立定跳远的“练”，强调的是动作质量。有的是一个项目中某一动作技能点可以进行自主学练，而其他部分则要在课堂上有一定安全措施的情况下练习。如，跨越式跳高有助跳、起跳、过杆、落地等多个动作技能点，前面两个是完全可以通过微课自主学习的，而后面两个技能点和完整动作都要有一定的安全措施才能练习。因此，在这节课程的翻转课堂中，可以先通过微课呈现起跳的先后动作顺序，了解起跳的动作要领后，进行自主练习，课堂上再进行过杆、落地的练习和完整的技能练习。

3. 翻转课堂与学生认知水平的关联

翻转课堂是没有固定教学方式的，很重要的一个因素就是要根据学生的认识水平来确定。每一个水平阶段中运动项目要解决的重点内容不同，教学方式也不同。低年级学生对动作质量要求不高，教学以激发学生的兴趣为主，让学生充分享受运动的乐趣，高年级逐步由活动兴趣向项目兴趣转化，对技能的要求也在发生变化，这就要求微课阶段和课堂阶段的教学方式都要作相应的调整，以满足学生认知发展的需求。如，立定跳远在低年级阶段主要解决双起双落的问题，那么微课学习主要围绕双起双落安排自主学练内容，让学生初步做到可以在一定距离内完成双起和双落。随着学生年龄的变化，微课还要逐渐学习起跳中的蹬摆、腾起角、腾空与落地等一系列动作。

二、翻转课堂的应用流程

体育教学中的翻转课堂既有知识学习课程也有动作技能练习课程，无论哪种类型，都是把微课学习作为前置学习部分，为课堂学习作铺垫，课堂教学部分则是在微课学习基础上更深入的学习活动。

（一）体育理论课翻转课堂的应用流程

体育理论知识对于中小学生来说相对比较枯燥，学生观看微课的主动性不足，自主学习的意识也不太充分。

可以采用“课前自主学习任务单”的形式，驱动学生学习微课。该类翻转课堂的微课学习阶段应该包括四个环节，首先是“课前自主学习任务单”的阅读，然后是微课学习，再就是任务单的填写，最后是任务单的提交。这是微课学习阶段。

教师一定要认真阅读任务单填写的内容，掌握学生的微课学习情况，为课堂教学制定教学策略，为精准指导学生的学习活动做好准备。这个阶段就是策略制定阶段。

最后一个阶段是课堂学习阶段。这个阶段主要根据学生的微课自主学习情况，在教师的指导下开展互动学习，是一个将理论知识进行内化的过程，也是学生观点碰撞，认知交流，学会创新创造的一个过程。

由此可见，体育理论课的翻转课堂有微课学习、策略制定和课堂学习的三个重要阶段，这三个阶段缺一不可，是一个完整的教学过程（见图9）。

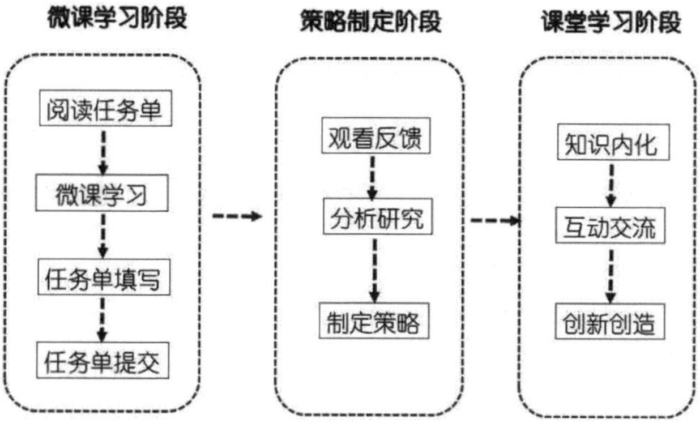

图9　体育理论课翻转课堂流程

（二）体育实践课翻转课堂的应用流程

体育实践课翻转课堂在体育课中应用比较广泛，同样分为微课学习阶段、策略制定阶段和课堂学习阶段，但是这三个阶段的内容与形式都与体育理论课翻转课堂有较大的区别。在微课学习阶段，既有知识的习得任务，也有技能练习的任务，不但要采用“课前自主学习任务单”，还要围绕动作技能的学习与练习制定不同的任务，对动作学练的结果有具体的要求。这些任务的反馈一般以图片或视频的形式提交。

教师在这个阶段不但要对学生提交的“课前自主学习任务单”进行分析，还要对学生提交的练习图片或视频进行分析，既要了解学生对知识的习得，又要掌握学生的练习效果，从而精准制定课堂教学策略，为指导学生的学习活动做好准备。

体育实践课翻转课堂教学一般在室外田径场或室内的风雨操场，学生的学习方式是身体练习活动而非单一的知识学习，这决定了该类体育翻转课堂的独特之处。这个阶段主要是基于学生微课自主学练的情况，在教师的指导下开展学习与练习活动，这其中有小组的合作学习，小组内的自主学练和围绕任务进行的一系列互动的、自主的、合作的学习活动，这既是将基础知识内化的过程，也是动作技能熟练提升的过程。

综上所述，体育实践课的翻转课堂同样有微课学习、策略制定和课堂学习的三个重要阶段，但与体育理论课的流程略有不同（见图10）。

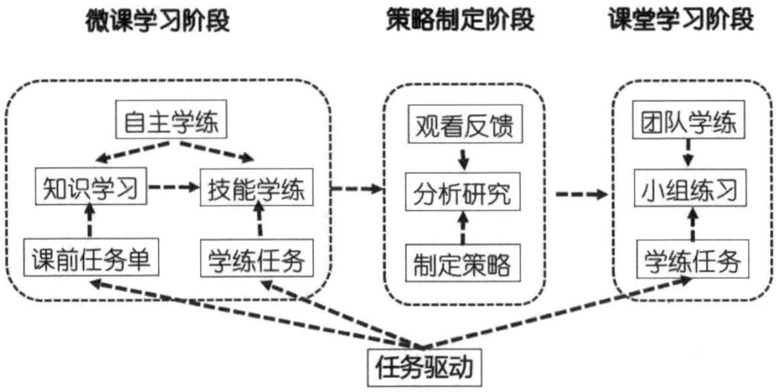

图10　体育实践课翻转课堂流程

三、体育翻转课堂理论的应用

翻转课堂给我们带来的不仅仅是教学形式上的变化，更重要的是彻底实现了教学方式和学习方式根本性变革。长期以来，体育课堂的学习方式创新始终困扰着体育工作者。要充分发挥翻转课堂的效果，不仅仅是信息技术的简单应用，更重要的是学法的创新。

（一）翻转课堂的课程方向

翻转课堂不仅仅是学习顺序的颠倒，而是课堂教学观念的变化。那么，到底要构建什么样的课堂呢？新中国成立以来，我们的体育课程改革就没有停止过，先是沿用苏联的课堂教学模式，后来出现过“快乐课堂”。“快乐课堂”也曾风靡一时，人们逐渐发现，课堂光“快乐”也不行，还得要“增强体质”。此后又出现“情境”式教学，创设体育情境。可是因为体育情境难以创设这种教学方式也慢慢淡出人们的视野。还有的一节体育课中有很多装备（这里不能称为器材），一节课的装备需要一辆卡车才能装完，一节全国公开课花费30多万元。近年来，又有一种的做法，让体育课的练习密度达到85%以上。但这样大的练习密度，普通学生难以承受。其实，这些课的问题就出在把体育课的某个功能极端化了。“快乐”没错，“情境”也对，“强化密度”同样有道理，但是不能把这些教学方式的特点无限放大。

1. 新课程改革的理念

2011年版《义务教育体育与健康课程标准》指出：坚持“健康第一”的指导思想，促进学生健康成长；激发学生的运动兴趣，培养学生体育锻炼的意识和习惯；以学生发展为中心，帮助学生学会体育学习与健康；关注地区差异和个体差异，保证每一位学生受益。

如何理解并将这些理念应用到课堂，这就是我们当前需要解决的问题。“健康第一”，这就是说要注重学生的身体健康和心理健康。身体健康不是运动负荷越大越好，练习密度越高越好，而是合理的运动负荷，同时也包括健康的行为和良好的生活方式。心理健康包括健全的人格和健康的心态，是身心合一的健康发展。让学生体验运动的乐趣，培养学生正确的体育价值观和责任感，也是激发学生主动参与体育活动、养成良好锻炼习惯的一种方式。重视学生的发展，培养学生的体育能力就要开展以学生为主体的学习活动，把课堂还给学生。但这与课堂中“放羊”是不同的，要给予学生任务，让学生围绕任务的完成在课堂中“自主、合作、探究”地学习，不但要学会，而且要会学。不同区域的学校之间有较大的差异，而学生个性差异则更显著，因此，要根据学校实际提出不同的要求，采取不同的方法，满足每位学生的锻炼需求，让每位学生享受体育运动带来的快乐。

由此看来，新课程改革早就给体育课程提供了明确的方向，体育翻转课堂沿着新课程改革的方向去构建，可以为实现创新课堂提供可能。

2. “四位一体”的基本要求

2018年9月，习近平总书记在全国教育大会上强调指出：要树立健康第一的教育理念，开齐开足体育课，帮助学生在体育锻炼中享受乐趣、增强体质、健全人格、锤炼意志。习近平总书记的讲话，构建了崭新的学校体育“四位一体”目标体系，这给学校体育教学今后发展指出了明确的方向。当前的体育课，学生不想上，觉得没有乐趣，体育课不能有效增强学生体质，对学生的人格培养和意志品质培养都需要加强。今后，体育课应该朝着让孩子们享受体育运动的乐趣，增强身体素质，立德树人、形成体育品格的方向发展。学校体育教学要围绕学生的身心健康开展，要从学生的获得方面去建构、去评价。

3. 课堂教学实践的方向

长期以来，我国中小学体育课堂实践方向不明确，有标新立异的，有国外来的，更多还是传统课堂教学模式的不断重复。中国教育科学研究院于素梅博士提出一体化体育课程实施的综合性推进方案，强调打造“乐、动、会”课堂，提高体育课堂教学质量，注重“学”“练”“赛”联动，关注第二课堂，倡导“选项学习”制度，强化体育兴趣培养[①]。这给体育课堂教学确立了明确的实践方向，让一线体育教师可以沿着这个思路去构建课程。教育部体卫艺司司长王登峰提出：“基于网络化工具的普及，可将海量的短视频运用于基本运动技能教学，帮助学生快速掌握运动技能。例如，对于篮球教学中的三步上篮、突破、跳投等基本运动技能，学生可在网上先免费下载视频学习，上课时教师主要纠正学生的技术动作，在掌握以上技能后便组织相应的竞赛。”这明确指出了学校体育教学要有信息技术支撑。他同时提出学校体育要“教会、勤练、常赛”，这与于素梅博士提出的“乐、动、会”有异曲同工之妙。

① 于素梅.一体化体育课程的旨趣与建构[J].教育研究，2019，40(12)：56.

（二）翻转课堂的应用

如何实现上述理念是摆在广大体育教育者面前的难题。大家在体育课创新方面做了一些尝试，但总是找不到有效途径。新课改有方向、有理念支撑，但始终没有落地生根。我们认为，体育翻转课堂彻底改变了教与学的方式，使体育课堂教学能沿着新课程改革的思路创新发展，融合创新更有效。

1. 优化教与学的形式

传统体育教学中有一个讲解示范的环节，教师边讲边做，学生根据教师的讲解与示范进行学习。教学实践中，大部分教师关注如何讲解清晰、示范准确，有些辅以教学挂图，配上口诀试图加深学生的记忆。这些关注点和探索方法并没有错，但教师的讲解学生能认真听并理解吸收的很少。根据美国教育学家戴尔的“学习金字塔”理论，听讲是被动学习的最低层次，知识留存率在5%左右，如果加上图片和示范，知识留存率会有所提升，但也只有30%以下（见图11）。这样低的学习留存率，显然不是体育课堂教学所要得到的。

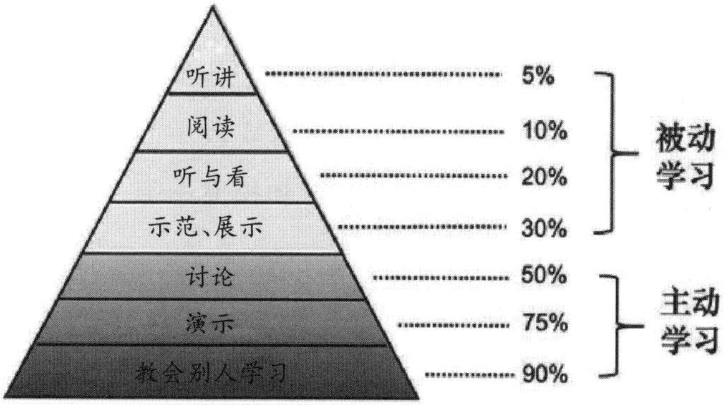

图11　戴尔“学习金字塔”理论中的知识留存率

如何改变讲解与示范的方式，让基础知识与动作技能有效地传递给学生呢？翻转课堂就显示出独有的优势了。翻转课堂的微课学习阶段，所呈现的知识点和技能点就是教学内容的重难点。学生根据学习任务要求观看微课并自主学练，实现对知识和技能的初步掌握。在自主学习与练习后，学生需要将学练结果以任务单和视频等方式提交给老师，这就驱动了学生主动地观看微课，自主练习。这有效地弥补了“讲解示范”效果不佳的问题，还为课堂教学争取了时间，让学生做更多的身体练习。通过这种方式，三个方面得到优化：一是学习效果发生变化，二是学习方式发生变化，三是优化了课堂教学。

2. 精准施策创造条件

翻转课堂的优势不仅仅是学习方式的转变。在微课学习阶段后，学生把知识学习和动作练习的结果传给老师，教师不仅仅对学生学习的情况有所掌握，而且可以对学生的初步习得效果进行分析，了解个体差异，将这些信息进行分析综合后，为制定课堂教学策略奠定了基础。课堂上就可以精准指导，解决学生普遍的问题，纠正个别的动作错误。如，武术微课中的“马步抡拳”动作，教师发现大多数同学两臂弯曲，身体重心前置，课堂中教师可以重点针对这两个动作纠错。

3. 课堂学习活动更丰富

课堂学习是在微课原有基础上的学习，学生通过微课学习已经初步掌握知识和技能，课堂上就有更多的机会帮助他们提高动作的准确性、熟练性，甚至可以让他们应用到体育实践中。翻转课堂的课堂教学阶段可以让学生自主学习、合作学习和探究学习，交流互动的形式发生较大变化。

4. 有利于调整运动负荷

体育课要达到增强体质的目的，没有一定的运动负荷显然是不行的。获得合理的运动负荷，要将练习密度与运动强度调整到一个合理的区间。什么样才叫合理呢？从练习密度来说，传统体育是在35%—50%之间，但这个密度远远不够，学生“等多练少”的现象在课堂上出现比较多。翻转课堂由于没有“讲解”环节，也优化了“示范”环节，学生练习的机会多，练习密度大幅增加。除此之外，传统体育课的运动强度也般很难达到理想范围，对于中小学生来说，心率达到130—160次/分钟，属于中等运动强度。强度太小起不到增强体质的作用，强调太大或持续时间过长，则不利于学生的健康成长。有些技能项目在练习时运动负荷过小，就要安排一定的体能练习，实际上是一种补偿性的内容。如，武术课的运动负荷相对较小，那么在体能练习上要安排活动范围大、有助于心肺功能锻炼的项目。翻转课堂由于能够更有效地得到教师的指导，所以有利于调整学生的运动负荷。

（三）翻转课堂的学法

体育翻转课堂的学法就是沿着新课程改革理念的思路，落实新课程改革理念，遵照当前国家对学校体育教学的有关要求，优化课堂教学内容，实现学法创新。

1.坚持“健康第一”

身心健康是“健康第一”的重要方面。课堂要增强学生体质，就要提高教学效率，首先要让学生动起来。翻转课堂从组织教学来说，优化了教学过程，减少了组织、讲解时间，做到了少等多做，少讲多练。如，练习时增加练习组数，减少站队时间；尽量少安排接力类的活动，也可以在活动前面设一个标志，当前一个学生到达标志或触摸标志时，后面就开始活动；变个体活动为全体活动，个人展示为集体展示。其次就是让学生热起来，就是在一定量的基础上，提高学生的运动强度。采用循环活动能较有效地发展学生体能，即设置四个活动项目，将学生分成四个组，每组活动一个项目后，一段时间后再换下一个活动项目，直到四个项目全部活动结束，这种方法既能激发学生兴趣，又在体能上有较大的突破。

体育课堂是体育品格形成的重要阵地。体育教育不但要教育学生如何享受成功的快乐，也要教育学生如何面对挫折，如何有尊严地面对失败。体育锻炼可以让学生有达成目标的喜悦，也让学生在面对困难时有顽强的意志品质。体育课中还可以培养学生的好习惯，实施养成教育，如，将书包摆放整齐，将衣物叠放整齐，让每一个细节都体现出学生的良好习惯。

2.让学生享受乐趣

每个体育运动项目都有自身的特点，学生对体育运动项目形成兴趣需要较长的时间，对项目的兴趣也因学生的个性特点而不同。有的学生对篮球产生兴趣，有的学生对乒乓球产生兴趣，也有的学生对足球产生兴趣，有的同学可能开始对某项目没有兴趣，由于外部因素的影响，后来产生兴趣，也有的学生开始对某个项目产生兴趣，通过体验后慢慢失去兴趣。体育课中，要采取多种方法激发学生兴趣，如通过举办项目竞赛，发挥项目本身的吸引力，让学生学有所得，增强学生信心。还可以设计一些游戏活动，让学生通过游戏享受乐趣，激发兴趣，让体育课成为学生向往的课堂。内在的、持续的兴趣，建立在学生心理满足的基础之上，从而驱动学生产生乐趣。

3.发挥学生的主体作用

我们常说把课堂还给学生，发挥学生的主体地位，但在体育实践中这是一个很难破解的课题。充分放开，课堂上学生的活动难以控制，一放就乱。收起来呢，完全遵照教师引导，课堂没有活力。笔者的观点是，放就要彻底放开，把课堂彻底地交给学生。能让学生说的，教师不说；能让学生做的，教师不做。教师是体育课堂的引导者、协助者和参与者。如何做到这些呢？开展以小组为单位的自主学习活动是实现学生为主体的课堂教学的有效方式。我们要解决的首要问题就是放了之后，要让学生有事可做、有事能做、有事做好。“任务驱动”是一个有效措施。任务下达是第一步。下达的任务应该满足两个条件：一是要清晰、准确、可操作，不能模糊，要交代清楚。而且任务要让学生通过学习活动能够完成，如“武术健康长拳”学习中，任务要求动作“正确、整齐、有力度”，那么学生就知道首先全组的动作要做正确，要整齐，再就是动作强劲有力，这样小组学习目标很明确，实施起来就容易多了。二是怎么评价成果要明确。体育课中，既要学、也要练、更要赛，赛其实就是对结果的评价。那么，怎么赛要交代清楚。如，“武术健康长拳”小组学习前就明确学习后将举行以小组为单位的展示大赛，有了赛的驱动，学生为了赛而去学习与练习，目标就更明确了。小组协作学习和自主学习能力的提高，也有利于学生主体性的发挥。

4.让每位孩子受益

由于学生之间的体质存在一定差异，表现出的体育能力也不相同，体育课上如果是一把尺子量下去，对于体质弱的同学就显得不公平了。体育教学应该正视学生的差异，让每位学生都能享受运动，充分满足学生的个性化需求。要做到让每位孩子受益，在教学实践中可进行分层指导和个性化指导，在活动时充分考虑到面向全体学生，分组比赛的时候可以根据不同的运动能力将学生进行“混合编组”，即每组内都包含层次不同的学生，这样可以起到帮助和带动作用。另外，还可以关注每位学生的起始成绩，将起始成绩与后期成绩进行比较，帮助他们不断提高。在课堂中要关注每位学生的学习活动，让每位学生都从体育课中受益。

第四章　体育智慧课堂

第一节　智慧课堂的概念

一、智慧教育

华东师范大学祝智庭教授给智慧教育下了这样的定义：智慧教育的真谛就是通过构建技术融合的学习环境，让教师能够施展高效的教学方法，让学习者能够获得适宜的个性化学习服务和美好的发展体验，使其由不能变为可能，由小能变为大能，从而培养具有良好的价值取向、较强的行动能力、较好的思维品质、较深的创造潜能的人才。[①]

智慧教育包括“硬”和“软”两个重要方面，所谓“硬”就是信息技术环境，涵盖信息技术教育中的方方面面，如网络环境、电子书包环境、电子白板环境、人工智能环境等。所谓“软”就是人在教育过程中的策略和方法，是人的创造过程，从而促成了智慧型人才的培养。这种关系可以进一步理解为：信息技术环境下的智慧教育是指信

① 祝智庭，贺斌．智慧教育：教育信息化的新境界[J]．电化教育研究，2012，33(12)：6.

息技术支撑下为了发展学生智慧能力的教育，利用恰当的信息技术环境实现技术创新，运用智慧教学方法实现方法创新，促进学习者开展智慧学习达到实践创新，从而培养具有良好的价值取向、较高的思维品质和较强施为能力的智慧型人才，也就是善于学习、善于协作、善于沟通、善于研判、善于创意、善于解决复杂问题的人才。在人才观方面实现变革，落实智慧教育理念，实现理念创新，深化和提升信息时代、知识时代和数字时代的素质教育。

二、智慧课堂

（一）如何理解智慧课堂

智慧课堂是以“互联网+教育”的思维方式和大数据、云计算等新一代信息技术打造的智能、高效的课堂，其实质是基于动态学习数据分析和“云、网、端”的运用，实现教学决策数据化、评价反馈即时化、交流互动立体化、资源推送智能化，创设有利于协作交流和意义建构的学习环境，通过智慧的教与学，促进全体学生实现符合个性化成长规律的智慧发展。[①]目前来说，无论是传统教学还是多媒体教学，大多只是利用了高科技产品，却没有真正完全实现智慧课堂。

智慧课堂是相对于传统课堂提出来的概念，无论是教师智慧地教，还是学生智慧地学，在内容和表现形式上都随着科技进步不断变化。智慧课堂就是帮助课堂教学回归教育本质，还原教育的规律，以先进的信息技术全方位地对课堂形成支撑，让学生、教师受益。

从某种意义上说，智慧课堂是翻转课堂的升级版。现在中小学构建的智慧课堂倾向于在网络上架平台，有线上线下的双师教学、视频

① 窦丽，陈华卫，钱澄．高校“智慧体育课堂”的价值与模式研究[J]．体育文化导刊，2018(11)：138.

协助的远程教学、互联网上的云端教学等。硬件上比较广泛应用的是录播系统、电子白板等。

（二）智慧课堂的特征

（1）基于数据的课堂。传统课堂是教师凭着教学的经验去研判和捕捉课堂学生学习的各种信息，“互联网+教育”模式下的大数据环境，将课堂的变化情况实时汇聚与分析，用海量的数据优化学习过程，调整课堂学习策略，精准地指导学生的学习活动。

（2）高效教学的课堂。网络环境构建的数据化教学环境，有强大的资源支撑，即时收集课堂学生学习信息，精准地分析学生的学习需求，高速推送学习资源。课堂上学生通过线上资源，与线下交流互动，大大提高了互动学习效率，实现了教与学的立体沟通与交流。

（3）个性化学习的课堂。精准施策是智慧课堂的显著特征。提交的作业信息经过数据检测，得出学生学习情况的精准结论，为学生个人订制学习方案，满足学生的个性化学习需求。

（4）合作探究的课堂。智慧课堂的一个重要特征就是形成了研创型课堂。在任务的驱动下，小组发挥集体智慧，形成学习共同体，围绕目标的达成，对学习内容开展深入的探索。

（5）动态开放的课堂。课堂不再是在教师统领下的学习活动，学生思维因课堂的变化而活跃，可以热烈讨论，交流思想，碰撞观点。

（6）教学机智的课堂。学生带动着课堂发生变化，教师则需要适应学生、适应课堂的变化，对教师来说要求更高。教师的能力因课堂的变化而被要求不断提升。

（三）智慧课堂的优势

一是利用信息技术，实现精彩的互动课堂。支持抢答、随机、分组等多种做题方式，提供投票、分享屏幕、拍照对比讲解等互动功能，助力老师打造多彩互动课堂。二是全程的动态评价。对日常作业、随堂检测提供全过程学习精准诊断与评价，推进智慧的教与学，实现个性化学习。三是形成立体互动交流。提供学生定制终端，预置优质学习资源与应用，支持设备全方位安全管控，构建绿色学习环境。创设有利于协作交流的学习环境，满足课堂的延伸，促进师生、生生间的互动交流，培养学生的自主学习习惯，提升自主学习能力。四是多元动态评价。对教学过程实现课前、课中到课后全过程动态评价，对教师的教学质量从主观评价进入到数字化评价，构建互联网模式下的社会评价体系。五是学生智慧成长。形成学生数字化个性成长记录，为学生的智慧学习成长提供科学发展模型。

三、体育智慧课堂

体育理论课的课堂构建与其他学科的智慧课堂相似，而体育实践课的智慧课堂则有自身特点，对智慧课堂的硬件要求和软件要求更高。

无论是体育理论课还是体育实践课，体育智慧课堂都涉及信息技术设备、教师发展和学生发展三个方面。从信息技术设备层面来说，主要是借助电子书包环境、电子白板中的课件、微课、微视频、网络软件及网络资源等信息化条件来创设智慧课堂。从教师发展方面来说，要以新课程改革为构建理念，具备较高的设计能力，实施有效的教学措施适应智慧课堂。从学生发展方面来说，主要是开展研创型学习、自适应学习、生成性学习活动，让课堂更生动，学习更有效。

由此看来，体育智慧课堂要针对不同的体育课程类型而采取相应的教学方式，沿着技术创新、学法创新、实践创新、理念创新等四大创新途径，以信息技术为依托，以教法、学法创新为手段，以实践体验为内容，培养学习、协作、沟通、研判、创意、解决复杂问题的人才。

第二节 体育理论课的智慧课堂

一、传统体育理论课教学中的问题

体育教师往往将更多的精力放在体育实践教学中，重视与身体直接关联的身体活动，对理论课教学投入的时间和精力都比较少，体育课程中的知识传授方式鲜有创新，大都是采用简单地“教”学生学习，学生学习基础知识的主动性不强。

（一）理念难以落地

新课程改革推行多年，尽管体育教师对新课程理念在不同程度上有所了解，“健康第一”“自主、合作、探究”“以学生为主体”等理念也基本知晓，但在教学实践中很难看到新课程改革理念建构下的课程，更不要说体育理论课的改革了。一线体育教师不知道如何让学生发挥主体作用，如何让学生实现“自主、合作、探究”，课堂上实施的方法与途径缺乏创新，课堂教学仍然被传统的教学方式垄断。新课程改革理念应用于体育教学实践没有可仿可做的“样板”，是造成体育理论课教学方式难以创新的一个重要原因。

（二）方法简单陈旧

一直以来体育理论课教学方式都是以教师讲授为主，学生学习较为被动。课堂提问的这种简单互动仅仅停留在形式上，没有真正触发学生主动思考问题，课堂很少关注学生习得多少，对学生个性化发展很难起到帮助。

（三）教学主体偏离

在体育理论课的教学中，人们往往只在意教师教的怎么样，很少从学生是否学会、是否能够应用的角度去评判这节课的效果。转变教师“教”的方式十分必要，要从学生“学会”“会学”的角度思考设计有效的学习方式，由教师的“教”转变为学生的“学”。课堂的主体由教师转向学生，教师成为学生学习的引导者，以此达到提升体育理论课程教学效果的目的。

（四）重知识轻应用

体育理论课的教学中，教师只注重知识的传授，忽略了知识的应用，如“用眼卫生”这节课中，教材中对看书、写字时的坐姿有具体要求，是矫正学生不良姿态的一个很好的时机，但实际教学中很少有教师以此不断提醒和纠正学生课堂上的不良姿态。传统教学中，鲜有把学生的学习活动与校内外实践活动有机结合起来的。

二、体育理论课智慧课堂的构建

体育理论课的教学，不但要摒弃传统的“灌输”式的教学方式，而且要与现代教育理念和教学手段同步，让现代教育技术手段与体育理论课教学融合，发挥多种感官的交互作用，将知识应用于生活与学习实践的同时，培养学生的高阶思维能力。

（一）融入教学理念

体育教学中应该始终把新课程理念倡导的“健康第一”，实现“自主、合作、创新”的学习方式，充分发挥学生的主体作用作为课堂教学的指南。要把智慧教育理念引入体育课堂，让教学方式得到有效转变，在教师智慧地教和学生智慧地学的基础上，借助信息技术手段，让学生由浅表学习走向深度学习，由初级认知水平向高级认知水平发展，最终指向“创造”层面。

（二）搭建智慧课堂

运用信息技术的手段，开展以学生为主体的互动学习活动，实现信息技术与课堂教学的有效融合，提高课堂教学效果。体育理论课智慧课堂的教学中，以信息技术手段为依托，汇聚多种交互方式，将电子设备与教学应用融为一体，促进课堂教学效果。

（三）倡导“三多”教学

体育理论课的教学效果主要从以下几个方面衡量：首先是看学生是否理解基础知识内容；其次就是能否将基础知识应用到体育活动和生活实践中，实现知识的应用；再就是基础知识能否转化为健康意识和健康行为。在智慧课堂中，学生应该成为课堂的主人，课堂给予学生“三多”：一是多想，创造让学生发现问题的机会，创设思考问题的方法，培养解决问题的能力；二是多讲，教师少讲学生多讲，营造学生积极研讨的环境，让每位学生都有发表观点的机会；三是多做，尽可能让学生多操作，结合自身实际，尽可能让学生多去实践。

三、体育理论课智慧课堂的应用

体育理论课的智慧课堂，在新课程理念和一体化体育课程思路的引领下，有效应用信息技术设备的多种功能，实现课堂学习的多样交互。课堂成为学生个体发展、思维活动、创造性学习的舞台。下面，以人教版教材水平二阶段课程“用眼卫生”的智慧课堂为例，阐述智慧课堂的教学应用过程。

（一）有效技术支撑

本课智慧课堂的教学中合理应用电子设备，提高课堂教学效果。其中，电子白板播放了用眼卫生的微视频。互动教学课件则展示图片、汇聚评价结果、帮助教师开展智能抢答等活动。电子书包则实现了线上线下的交互功能，拍摄和上传同学课堂的坐姿图片，实时打分评价，还帮助教师开展了现场答题、小组讨论等活动。互联网不但向学生提供了广泛的课程资源，而且帮助学生借助电子书包实现相互评价。智能设备的有效应用，对本堂课的教学提供了有效支撑。

（二）课堂还给学生

把课堂还给学生，能让学生说的、能让学生做的全部交给学生，教师成为课堂的组织者、引导者、参与者。教师提出“读书、写字要坐姿应怎么样？”的问题，让每组讨论3—4个答案并排序。学生围绕具体问题进行研讨并形成意见。最后，在每组发表自己的观点后，其他小组进行补充和质疑，课堂上学生思维碰撞，在热烈讨论中形成找出正解、达成共识。除了小组讨论，课堂上同学还可以开展“动手做”和“竞赛答题”等多种活动。

（三）一体化课程建构

体育理论课的教学过程不仅仅是知识传授，更重要的是将知识转化为行为，实现“学、练、用”相结合。本课的教学要求，课堂上同学们及时纠正坐姿，达到即“学”即“练”的效果。课堂中注意观察同伴，用眼神纠正坐姿不正确的同学，达到“用”的效果。最后，作业则把社会实践、生活实践活动联系在一起，提醒学生在看电视、用电脑等活动中注意养成良好的用眼习惯，要求家长帮助拍录同学们的生活视频，看谁做得好，还要求学生帮助身边的人注意用眼卫生。

体育理论课智慧课堂，是在新课程改革理念的支配下，完成信息技术与体育理论课程的融合，实现教师的教学方式和学生的学习方式的根本转变。创新知识传授方式，以体验、合作、互动、探究为主要形式，让学生成为课堂的主人，所学与生活紧密联系，做到学以致用。通过多样化的学习方式，创造性地学习活动，让学生在轻松愉悦的氛围中习得知识。在“分析、评价、创造”的活动中，学生的思维能力得到培养，在同伴互助、团队合作活动中，学生的健全人格得到发展。

第三节　体育实践课的智慧课堂

由于体育课具有身体练习活动的实践性特征，而体育智慧课堂的开发与应用尚处于探索阶段，所以本节所探讨的问题仅从现有的信息技术水平来阐述。更大的变化将会随着信息技术支撑能力的变化而不断被突破，把当前体育实践课的智慧课堂定位在初级阶段是比较恰当的。

一、传统体育实践课教学中的问题

当前的体育实践课教学中仍存在一定问题，如学生缺少对体育课的乐趣，体质锻炼效果不好，立德树人、人格培养贯彻落实不到位，意志品质的磨炼不足等。

（一）学生缺少对体育课的乐趣

当前的学校体育教学中学生喜欢体育却不喜欢体育课的现象普遍存在，影响学生不喜欢体育课的因素很多，关键是体育课上不能激发孩子的练习欲望，这也是当前学校体育必须面对的一个重要问题。

分析原因，笔者认为主要在以下几方面：一是学生没有自主性。体育课上孩子们是跟着体育教师学，体育课的学习过程大部分是学生被动接受的过程。二是课堂只有学和练。体育教学中动作技能的习得非常重要，但动作技能的获得是为了建立对运动项目的兴趣，从而为终身体育奠定基础。但枯燥且重复的动作学习很难让学生产生乐趣，又怎么能建立起对运动项目的兴趣呢？三是竞赛活动难有好效果。体育课上，最能调动学生积极性的就是比赛，但我们的竞赛、展示很难让学生从中感受到快乐，因为教师往往倾向于让优秀的学生竞赛、展示，忽视了其他同学的感受。如篮球比赛，教师喜欢选择篮球基础好的同学进行比赛，让其他同学当观众，实际上这些同学就是坐上了篮球运动的“冷板凳”，这一热一冷怎么能让学生对体育产生兴趣呢？此外，展示的内容一般很简单，很少跟项目内容结合在一起。

综上所述，当下体育课堂让学生既没有兴趣，也没有乐趣。因为，无论是课堂的组织形式上还是动作技能学练策略的制订上，都没有从学生角度去考虑。

（二）运动负荷不足

体育实践课的课堂教学中，教师长时间的讲解示范，指向性不强的集体纠错，学生排着队的练习活动，教学环节组织松散等，导致练习密度处于低位，一节课往往只有十分钟的活动时间。运动量不足是造成学生体质锻炼效果不好的重要原因。运动强度不够也是我们体育课比较显著的一个问题。体育实践课教学中运动强度容易忽高忽低，教师往往不注意调节。例如武术课教学中，动作幅度较小，如果没有有效的较高强度练习内容的补充，那么这节课运动强度很低，锻炼效果也较差。当然，运动强度并不是越大越好，如长跑课如果一节课都让学生“跑”，学生心率指标持续处于高位，非但不能增强学生的体质，反而有损学生的健康。

（三）人格培养缺失

体育与其他学科相比，其健全人格的功能更强大，学生体育品格的培养，健全人格的塑造更具有现实意义。但我们现在的体育实践课教学中，学生之间没有交流，更缺少合作，互相帮助也是流于形式。体育课上不敢攀高、不敢跳远，稍有难度的项目不敢上，面对困难往往会选择放弃，这样对学生体育品格的培养是无益的。

（四）意志品质薄弱

意志品质是指一个人在行动中具有明确的目的，不屈从于周围人的压力，按照自己的信念、知识和行为方式进行行动的品质。

体育课有自主学习、有探索、有合作，学习过程中会遇到各种困难，是学生磨炼意志的一个重要场所。但现在的体育课没有真正给学生营造锻炼意志品质的机会，体育教学的形式和内容都有值得反思的地方。

实际教学中存在的问题还有很多，其中既有教学内容的衔接问题，也有教学方法的有效性性问题。体育智慧课堂不可能解决当前体育课堂的所有问题，但却在不断寻求有效的解决途径，朝着有利于学生发展的方向努力。

二、体育实践课智慧课堂的构建

到目前为止，国内体育实践课的智慧课堂还没有完全成形，什么样的课堂才是体育实践课的智慧课堂？现在谈智慧课堂是不是为时过早呢？显然不是，因为智慧课堂的大概念已经形成，体育实践课的智慧课堂是在大的前提下构建以学科特点为基础的课堂。近年来，也有不少体育实践课智慧课堂的课例，但都是零星呈现，也没有系统建构，本节将结合体育课的特点来阐述体育实践课智慧课堂的建构。

（一）构建思路

如何理解和定位体育智慧课堂，如何通过智慧课堂有效地解决体育实践课教学中的一些问题，从而实现体育课堂的创新与发展，首先我们要从“硬”的方面去思考，也就是信息技术对课堂教学的支撑。一是考虑如何在信息技术环境下实现有效的学。二是考虑在信息技术环境下如何让学生快乐地去练，通过信息技术激发学生对练习项目的兴趣。三是考虑如何让信息技术为学生的竞赛服务。最后就是如何实现资源共享、网络互动等。其次，我们要从“软”的方面去思考，一是要从教师教的方面寻求突破。二是如何营造学生喜爱的体育课堂，将课堂变为学生研究、探索和创新学习的平台。

体育智慧课堂是没有固定模式，只有最新最优模式，只要在信息技术环境下，搭建的教师智慧地教和学生智慧地学的课堂，就是智慧课堂。但智慧课堂的效果如何，最终落脚点是看学生的习得效果，学生受惠是智慧课堂追求的终极目标。

（二）构建途径

信息技术支撑体育教学的构建途径既要通过信息技术设备的使用，也要通过与体育课堂的有效融合。

信息技术中，硬件设备有运用互联网系统实现信息和资源传递的互联网平台，有直接用于体育课堂的信息技术器材，如智慧光标通过声光信号，与教学内容相结合，直接成为体育教学器材。有用于数据采集的，如数字羽毛球拍用于采集动作信号，从而分析动作。有用于课堂评价的数字分析设备，如运动负荷采集设备，对学生的练习密度和心率实时监测，可以及时预警，帮助体育教师调整学生运动负荷。有课堂观察设备，对学生的表情进行捕捉分析，科学反映学生的情绪变化。有成绩评价设备，可以对学生运动成绩进行综合评价，特别是对动作的评价功能，更加科学、客观。软件方面目前应用的主要是微课（包括微视频）、课件、电子白板、网络资源、数据采集和分析软件等。信息技术硬件和软件的交互使用，是构建信息技术环境的基本要素。

智慧课堂构建的关键还是信息技术理念与体育课堂的有效融合。优化课堂教学设计成为对体育教师的必然要求。体育信息技术器材进入体育课堂，发挥着传统体育器材很难达到的效果。如，智慧光标的应用要求学生在运球、跑动等活动中扫灭光标，统计团队扫灭光标的次数，即时反馈活动成果，以“赛”来激发学生的活动乐趣。互联网环境下的体育课教学，可将各个终端的信息快速汇聚，同时将指令和信息传递到信息终端，精准地指导体育课堂教学。信息技术在不同的时间、空间发挥着交互作用，为实现有效学习，自主学习、合作学习和探究学习形成有效支撑。

（三）构建方法

体育教学的最终效果是看学生在体育课中获得的效果，因此，要合理地运用现代信息技术手段，沿着“学、练、赛评”的体育课堂学习主线，深化学、有效练和快乐赛、科学评。

1. 学为首要

体育课要从根本上解决学生被动学习的问题，要探索能让学生主动地学、自主地学、互动地学的方法。体育课上的学习方法多种多样，但目的只有一个，就是让学生学有所得，要让学生主动学习和互动学习。如，以小组为单位，以任务为驱动，为学生的自主学习、合作学习提供可能。给小组下达比赛任务，要求小组借助信息技术开展自主学练，小组内开展互助学习，以比赛驱动学生的学习活动。

2. 练为关键

学会了动作后，还得提高动作的熟练程度和动作质量，这就要有有效的练习活动，要重视练习的质量与效果。这种练习一是取决于学生对动作理解的程度，二是学生练习的次数，三是练习的质量。动作理解是与学习情况相关联的，学的深入就会促进理解。练习的数量取决于练习组织方式，在练习动作强度不大的情况下，尽可能地增加练习密度，通过增加组数、改变练习路径等方法，做到让学生少等多动。微视频可以提供直观的动作规范，为提高动作质量服务。教师也要针对学生的练习情况，进行精准指导、个别纠错，以进一步提高动作质量。还要在练的形式上做文章，增强练习的趣味性，让学生在练习中享受乐趣。

3. 赛为重要

如果为了学而学，为了练而练，学生没有目的性，也就缺少动机。比赛是驱动学生进行学习活动的重要催化剂，学生会因为比赛而学，因为比赛而练，因为比赛而互相帮助、协同练习。体育课的“赛”是广义的“赛”，不但涵盖着集体的比赛，也包含着个人的比赛，既是比赛本身，又有展示的内容。适当的结果评价也是赛的一种。信息技术设备的评定，增强了评价的科学性、客观性，有效地避免了主观评价导致的不公平、不公正现象。体育课中的赛要将体育精神渗透到比赛中，通过赛的磨炼，让学生赢得坦然，输得有尊严，培养学生的抗挫折能力，达到锤炼意志的目的。此外，赛要充分考虑全体性，要组织面向全体学生的赛，同时也要充分考虑与学练的关联性、递进性和互补性。

4. 评为必要

体育教学的评价一直存在只对运动技术、体质健康等某一方面评价的片面性，主观性评价较多。变单一评价为多元评价，变主观评价为客观评价，用发展性评价学生的习得，从“知识、能力、行为、健康”多纬度实施综合是体育教育评价的改革方向。为确保评价方式的便捷性、评价结果的精准性，要积极应用信息技术设备，实施人工智能等评价方式。

在以“学、练、赛评“为主线的教学过程中，有效地运用信息技术激发兴趣，促进练习效果，提高动作质量。体育品格的培养要融入体育课的始终，规则意识、独立性、自觉性、果断性等人格品质的培养，更是不可忽视的重要内容。

三、体育实践课智慧课堂的应用

体育实践课的智慧课堂，要充分考虑到体育实践课的特征，进而选取能有效支撑教学的信息技术，在学法方面有所创新，提高体育实践课智慧课堂的教学效果。

（一）技术支撑条件

首先，信息技术应用要能够支撑教学，有效性是实施信息技术的准则。其次，体育实践课通常是在运动场上完成学习与练习的活动，有时也在风雨操场进行，要根据场所的特点来优化信息技术的应用。如，在风雨操场内教学，可以借助LED大屏幕来播放微视频，小组学习时可以利用平板电脑等设备播放微课，为学生自主学习提供有效支持（见图12）。也可以在大屏幕播放游戏或体能活动的微视频，学生按照视频要求进行游戏，大大提高了课堂组织的效率。室外运动场由于受到天气、网络等条件的限制，利用电子设备的智慧课堂也会受到一定的限制，智慧光标等体育器材可适当应用在这类课堂上。而基于微课的课前自主学练，则为体育实践课堂学习提供了有效的支撑。这种课内外的有效衔接，大大提高了体育课的教学效果，为体育课更多的互动学习提供了时间和空间上的保证。

图12　学生借助微课自主学练

（二）学法设计

新课程标准倡导“自主、合作、探究”的学习方式，充分发挥学生的主体作用，教师应彻底改变陈旧的教学方式，树立为学生的“学”而“教”的思想，创新学法措施，从学生学习的角度去设计教学方法，满足学生学习的需求，提高体育教学的实效性（见图13）。

运用“任务驱动”可以促进学生自主学习，增强学生学习的目的性。科学设置小组学习目标，开展小组同伴协作学习活动，可以让每位学生学有所得、学有所获。根据戴尔的“学习金字塔”理论，教会别人学习是取得教学效果的理想方式。学生承担教会别人的任务，必须先自己学会然后再教会别人，带着“自学互助”的任务进行学练活动，同时结合信息技术的应用，可以实现与体育教学的有效融合。

下面，笔者以小学“武术基本动作——穿掌”教学应用课例为例，介绍小组学习方式。这种学习方式一般设计“自学互助”的“自主学习”、同伴互学的“小组学习”、集体比赛三个阶段，可以增强学生自主学习的有效性。

1.“自学互助”的自主学习

“自学互助”是学习的第一阶段，给每位同学的任务是：个人从小组练习内容中认领一项，不但要学会动作，还要在小组内教会别人。

比如：小组内成员编号，并每人承担一项动作学习内容，各组承担相同练习内容的同学集中到“学习基地”学习。如1号为“马步劈掌”、2号为“弓步按掌”、3号为“提膝穿掌”……

每位同学都学会了一项练习内容后，回原小组开展“互教互学”活动，按照序号依次教同组的同学进行动作学习，组内每位同学既有“教”的任务，也有“学”的任务。

2.“任务驱动”下小组学习

“互学”是阶段的任务：以小组为单位参加武术大赛，要求动作正确、整齐、有气势。学习前下达小组学习的总任务，再开展组内合作学习活动，为小组学习增强内在动力。“武术基本动作——穿掌”课的任务完成的步骤是：①互查互纠。小组学习前先明确学习任务，成员自主学练后互相指导动作，看动作路线和方法是否正确；②组内动作一致。要求组内研讨并寻求保持动作正确一致的方法，在小组长带领下进行体验活动；③班级比赛。全班以小组为单位开展穿掌动作展示比赛，通过各组亮分展开评价，以此驱动团队合作，促进团队学习的有效性。

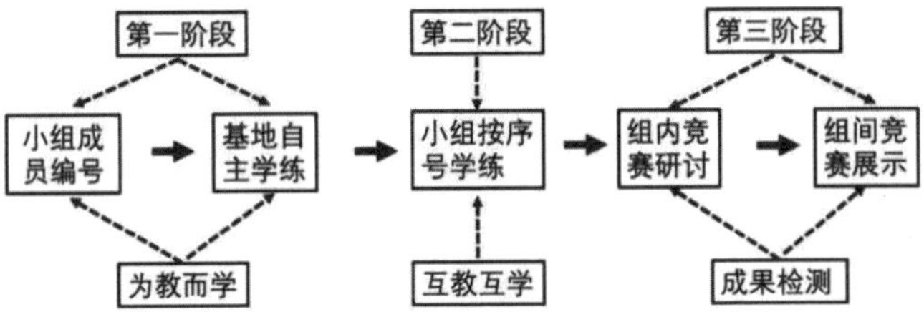

图13　小组学习流程图

3.信息技术支持下的目标学习

教师同时面对多个学习基地“教”是做不到的，因此自主学习尤显必要。借助设备播放预先录制的动作微视频，直观地再现了动作方法和练习方法，相对于常态课的挂图学习，增强了学习的有效性。自主学练、合作学习对武术课学习来说效果比较明显，特别适用于动作路线和动作方法的学习。但要体现武术的“精气神”，还需要教师在课堂上进行有效的引领，补齐自主学练的短板，实现学与教的互补。

（三）应用效果

体育实践课智慧课堂的构建，以遵循体育课堂教学的实效性为基础，根据体育课的场所、教学内容等特点选择行之有效的支撑手段，为体育实践课堂打开了体育教学的智慧之门，为教师智慧地教和学生智慧地学提供了更有效的支撑。学生的参与性、活动的密度、目标的达成度都不同程度地提高，主要在以下几个方面效果明显。

（1）信息技术直观地呈现动作的机制，突破了时间、空间的限制，学生的学习活动不再局限于体育课堂本身。知识与技能的学习也不限于教师的传授，拓展了学生的学习空间，提升自主学习的有效性。

（2）营造平等的教与学的环境，让每位学生享受平等的学习机会。对基础薄弱的学生可以实现精准指导。每位学生都因为教会别人而增添成就感，在培养学生自主学习能力的同时，也增强了他们学习的自信心。

（3）团队学习有目标，每位同学都有任务，主动学习的愿望强烈，充分发挥了学生的主体作用。协作、互助的团队精神得到体现，帮助与合作让学生体验到团队的温暖，简单的交流变为团队为实现目标的深度合作。同时，体育品格在课堂中得到历练，面对学习困难时，会得到同伴的鼓励和协助，拥有战胜困难的决心，“自主、合作、创新”的教与学的方式得以实现。

（4）应用“自学互助”的学法，可以驱动学生的学习活动，激发学生对动作学习的内在兴趣。学生的学习活动由浅曾学习向深层学习的发展，对学习的兴趣更持久。

（5）科学地界定了学的阶段和练的阶段，如上述课堂教学实例中，将“学”定位于武术动作路线与方法的学习，将“练”定位于“正确、整齐、有气势”的操练。将武术的展示活动作为小组学习的任务，从而让学生自主地“学”，合作地“练”，积极地“赛”。把学习的最后结果聚焦到“赛”上，每位同学都会为了团队的荣誉而努力学习，将学、练的成果真实地展示出来，

（四）“任务驱动”下小组学习的反思

“任务驱动”下小组学习，每个成员“自学互助”在应用中也有一定的局限性。一个是学的内容的局限性。由于每个同学都学习自己的动作，如果这几个动作前后关联度不高，这种学习方式是可以的，小组学习阶段只要把这几个动作串在一起就可以了。如果所学的几个动作之间是递进的，前一个动作是后一个动作的基础，那么学习后面动作的同学，在没有掌握前面动作的基础上学习，肯定难度就比较大。所以，我们认为，像武术的单个动作、徒手操、健身操等动作前后关联度不高的学习内容，采用“自学互助”的分组学习方法是可以的，但是对于一些有递进关系的技能性动作，这样做显得是不妥的。实际应用中，要根据学习内容调整学法，切不可简单套用。

此外，这种学习方式要求学生互相熟悉与了解，各个阶段的任务要清晰、明确。例如第一阶段的自主学习任务就是“学会后教会别人”，小组学习任务就是“组内一致”，最后要进行集体比赛展示，做到“正确、整齐、有气势”。只有每位同学明确学习任务，小组学习效果才会有效。再就是小组学习要常态化。小组的每位同学熟悉小组学习的流程，这样学生参与度才高。小组长也要明确先学什么、再怎么练，最后为了赛怎么去做到正确、整齐、有气势。当然小组长不但要有较强的组织能力，还要有领导能力，让所有组员能够“齐步走”。

第四节　体育智慧课堂与人工智能

体育智慧课堂是随着人工智能的发展而不断向前推进的，人工智能广泛进入体育课堂的“最后一公里”正在修建中，这必将给当前的体育课堂带来巨大变革。人工智能的体育课堂已经是不可逆转的时代潮流，人工智能将至少在以下四个方面深刻影响体育课堂：学习方式、教师角色、课堂形态、评价体系。人工智能体育课堂，是继基于微课的翻转课堂之后，再一次对体育课堂的颠覆。

一、学生学习方式的转变

人工智能技术对社会生活影响渐深，正在挑战人们的能力观、知识观和学习观。单一的书本学习方式已经转向多样渠道的学习方式，互联网为架构的线上线下学习更多地表现为体验式学习、项目式学习和小组合作式学习，以及突破时间和空间限制的弹性学习。学习资源不再需要查找，而是精准地推送，评价方式也更加客观。如项目式学习中将体育课建立在一个大单元项目中，运用多级目标驱动项目向前推进，学生在人工智能的技术支撑下完成自主学习。人工智能再给予每位学生在每个学习节点中的客观评价，最终实现帮助学生完成项目目标。

二、教师角色的转变

人工智能时代，教师不仅仅承担“教”的任务，更要从学生“学”的角度改变自身角色。课堂上教师是“主持人”“导演”，把人工智能能解决的问题都让人工智能来做，让人工智能来完成基础性的教学任务。教师将从那些低层次、重复的、简单的动作讲解、指导纠错等活动中解脱出来，由人工智能对学生的动作进行分析并纠错，帮助教师实现高效教学。教师可以把更多的精力投入到对学生进行个性化的引导和培育中。人机高度协同教学将成为未来的必然趋势。

三、课堂形态的转变

人工智能时代的教育重点是实现“课堂革命”，在智能技术支撑下完成对传统教学彻底的重构，是继翻转课堂之后对课堂教学的又一次颠覆。近年来，基于新技术、新媒体的教学创新方式不断涌现，相继出现了远程专递课堂、网络空间教学、异地同步教学、翻转课堂、双师教学、校园在线课程、基于设计的学习、引导式移动探究、协同知识建构、能力导向式学习等教学方式。这些课堂都是以提高孩子们的学习兴趣、学习主动性和学习效率为基本出发点，促进学生的个性化成长和全面发展为目标。体育课也改变了固有状态，不再是一节课学习同一项内容，而是以学习小组为单位根据进度进行调整。人工智能的即时监测，为体育课堂的安全提供保障，学生情绪、身体指标异常时会即时预警，运动负荷过强或太弱时，可以及时调整运动负荷等。这必将给课堂教学带来根本性的变革。

四、评价体系的转变

评价改革将成为人工智能时代教育改革的重要命题。大数据环境下的数据驱动和数据创新是智能教育的显著特征。利用教育大数据对学生学习过程实施全程采集、记录、分析，可以大大提高信息的收集和研判效率，使得评价方式多元化、客观化。特别是对许多体育项目等级的评定，人工评价存在很多主观因素，人工智能有效地规避了人为的偏差，成为最公正的“裁判员”。未来体育考试中应用人工智能的评价，有助于破除应试教育对教育整体跃迁的阻碍，释放智能教育对创新人才培养的巨大潜能。

人工智能在体育教学中的应用远远不止于以上列举的内容，这对体育教师课堂教学提出了更高要求，人机的职责分配赋予了体育教师在课堂中创新与创造的更多机会。

第五章　课例赏析

本章主要以微课、翻转课堂、智慧课堂的优质课例呈现为主，配套微课设计和课堂教学设计方案，以及笔者的评析。微课部分收录了幼儿微课和中小学体育微课课例，翻转课堂以体育实践课的课例呈现和解析为主，智慧课堂课例包括体育理论课课例和体育实践课课例。

第一节　体育微课赏析

体育微课中包括幼儿体育微课和中小学体育微课，幼儿体育微课“消消乐”和小学体育微课“快速跑——各就位”是2018年11月16日举办的全国大中小幼一体化体育课程建设研究推进会上展示的幼儿、小学翻转课堂中使用的微课，并在展示过程中受到与会专家的一致好评，获得全国教育信息化大赛二等奖。微课质量较高，反映了不同时期微课研究的实际成果。

一、幼儿体育微课

（一）幼儿体育微课概述

幼儿的智力开发是在尽情玩乐的基础上完成的，幼儿期间的体育微课正是基于幼儿自身发展条件，开发体育游戏类微课，帮助幼儿更好地开展游戏活动。这就要我们观察幼儿的天性、激发幼儿的天性、发展幼儿的天性，根据对象来设计必要的呈现方式。从一体化体育微课的建构来看，幼儿体育微课应该在遵循幼儿认知发展规律、身心发展规律、动作发展规律的基础上，达到“能看、看懂、学会”的目标。

1.微课学习的起止点

对于3—6岁的幼儿来说，不是所有年龄阶段都适合学习微课。一体化研究表明，幼儿体育微课学习同样有起始点，应该通过“窗口期”来确定幼儿开始学习的时间。研究表明，幼儿4—5岁适合视频学习，要制作适应该阶段幼儿特点的微课。

2.幼儿体育微课的形式

幼儿阶段的体育微课主要是以游戏为主，内容包括介绍游戏的规则和内容，模仿是幼儿主要的学习活动形式。微课的结构一般为：呈现游戏内容，让幼儿知晓要做什么；介绍游戏方法，让幼儿学着做游戏；强调游戏规则，形成幼儿的规则意识。要吸引幼儿观看，还要摒弃传统的“教”的方法，要边介绍游戏方法，边呈现游戏内容，边提醒规则要求。此外，微课还要简洁直观，让幼儿通过观看视频就明白方法和内容。

3.幼儿体育微课的时长

通常来说，微课的时长取决于微课的内容，只要表达完整、清晰，学练过程有序就可以。幼儿的注意力持续时间有限，所以视频不能长。

从幼儿的认知水平来看，微课更要精准到“点”，涉及的元素要单一，越简洁越好，把“点”的内容说清理透就可以了，总的来说，幼儿微课在2分钟左右最好，有的甚至只要1分多钟，一般不能超过3分钟。

4.幼儿体育微课的画面

由于幼儿的注意力很难持久，这就要求微课的画面要有一定的变化，以动态为主。同时画面的元素单调了，幼儿学习容易失去兴趣，元素复杂了，容易被分散注意力，因此，幼儿微课的画面元素一般以2—3种为宜，切不可搞得太过花哨，否则对于幼儿来说是不适宜的。

5.幼儿体育微课的语言

贴近幼儿交流的语言才是最合适的，体育微课是通过微课独立与幼儿交流，因此要充分考虑与幼儿交流的语言环境，采取“互动性”交流方式，考虑幼儿的听觉和对语言的识别能力实际，微课语言在语速上要缓慢一些，在语气上柔和一些，吐字要清晰、准确一些，且还要有一定的亲和力，让学习者听得舒服、听得清楚明白，以利于加深对动作内容的理解。

6.幼儿体育微课的文字

幼儿阶段的教育要立足于健康快乐，为孩子了一生健康做准备，幼儿阶段是育“人”，而非重“才”，要重视孩子的想象力和创造力的培养。因此，幼儿阶段教育不提倡识字为主要学习形式，所以，这个阶段的微课除在片头上微课名称使用文字以外，微课内容均不要用文字表述。

(二)幼儿微课赏析

足球游戏——消消乐

微课设计

系列名称	幼儿足球游戏
微课名称	足球游戏——消消乐
学练目标	知:认识知道游戏的流程和方法; 能:在教师的组织下,能按照游戏要求消灭“智慧光标”; 行:按照规则要求用脚灭灯,逐步建立规则意识; 健:构建健康心理和守规的行为美
知识点来源	学科:体育与健康;年级:幼儿;教材:自编;章节:无
学练重难点	重点:用脚灭灯; 难点:遵守规则
学练类型	讲授型　问答型　启发型　讨论型　演示型　联系型　实验型　表演型　自主学习型　　探究学习型　其他
适用对象	学生:供幼儿足球游戏活动课的课前学习
设计思路	利用动画、视频,正确呈现游戏方法和规则要求

微课设计(脚本)			
阶段	内容	画面及配音	预计时间
一、片头设计	足球游戏——消消乐 制作者:***	PPT制作	8秒
二、导入手法	导入一段消消乐活动视频	画面:同学们快乐奔跑,用脚灭灯; 配音:画面中的小朋友用什么灭灯?(吸引幼儿关注)	12秒

续 表

微课设计(脚本)			
阶段	内容	画面及配音	预计时间
三、呈现动作	游戏方法: 1.认识光标性能; 2.认识服装颜色; 3.根据颜色来跑动灭灯; 4.比比灭灯数量 规则要求: 1.只能用脚灭灯; 2.不能用手触灯; 3.不要灭其他颜色灯,会给别人加分	画面: 1.PPT动画显示灯亮、灯灭效果; 2.四种服装颜色; 3.呈现跑动灭灯画面; 4.呈现数量比较动画 配音(强调规则): 1.用脚灭灯; 2.用手灭灯,犯规警示; 3.灭其他灯,给别人加分	80秒
四、引导学练	课前学练: 1.认识颜色,自主对应; 2.观察颜色,跑动灭灯; 3.对照颜色用脚扫灭相应颜色的灯; 4.安全提醒	画面: 1.出现红、黄、绿、蓝四种颜色,幼儿根据自己服装颜色,报出颜色名称; 2.出现光标闪动,让幼儿尝试启动、跑动; 配音(安全提示):跑动时注意看其他小朋友,不要相互碰撞。扫灭灯时不可用力太猛,防止摔跤	60秒
五、任务	老师检查每位小朋友是否掌握方法		5秒
素材准备	1.PPT制作;2.录制的素材;3.技术处理		
硬件准备	1.摄像机;2.照相机;3.PC机;4.耳麦		
软件准备	1.录制软件;2.格式工厂;3.播放软件;4.字体软件;5.其他应用软件等		
微课制作反思	1.微课以动画形式呈现动作,趣味性不足; 2.微课的语言需进一步优化,尽可能与学习者平等交流		

微课二维码

1. 请打开手机微信，用微信扫一扫二维码。
2. 打开视频进行观看。

微课评析

● 概述

本微课适用于幼儿课前集体预习，主要是让幼儿了解简单的游戏方法和逐步形成规则意识。微课充分考虑了幼儿的认知规律、身体发展的实际，时长较短，呈现结构清晰，合理地完成了动作呈现、集中学练等微课的重要环节。微课中游戏方法呈现完整，规则准确，目标设置符合该阶段幼儿认知水平。画面简洁明了，没有无关元素的干扰，语言贴近幼儿理解水平。

● 特点

考虑到幼儿注意力易分散的特点，设置简单问题让幼儿关注动作，集中注意力。游戏从认识“智慧光标”、辨别颜色开始，然后是亮灯与灭灯，最后是用脚扫灯，层次清晰、明确，符合幼儿的认知规律。考虑到幼儿学练的实际，采用集体学练的方式，由教师检查幼儿是否掌握了方法和规则。微课还提出安全警示，跑动中注意避免同伴互撞，灭灯时注意不能用力过猛。整个微课仅片头有文字，微课中没有文字出现，与幼儿阶段识字能力高度契合。

● 建议

考虑幼儿对色彩的元素的感受能力，色彩元素应尽可能简洁。动画设计应尽可能让学生可以模仿游戏方法。考虑幼儿的特点，可以在设计上增加一些趣味性元素，吸引幼儿的注意力。

二、中小学体育微课

（一）中小学体育微课概述

中小学生的年龄跨度非常大，从6岁开始一直到19岁左右，也是从儿童向成人发展的重要过程。体育微课同样要适应不同阶段学生的认知发展，采取不同的呈现方法，要达到“看得懂、理得透、学得会”的目标。

（1）中小学体育微课的特点。小学1—3年级阶段的体育微课主要是以游戏活动为主，让学生知晓游戏的规则、方法和内容，模仿仍是学习活动的主要形式。微课的一般结构为：呈现游戏内容，让学生知晓要做什么；强调游戏规则，形成规则意识。小学4—6年级的微课则逐步从趣味向技能传授方向发展，初中微课则是趣味学习与技能学习的交替，高中阶段要重点解析动作技能。无论哪个阶段的微课，都要根据学习者的年龄特点设计微课，从学生学习的角度确定微课的具体呈现方法。

（2）中小学体育微课的形式。中小学体育微课的表现形式有较大的区别，小学阶段微课以直观、简洁为主，中学阶段则逐步以揭示动作规律为主。中小学体育微课的时长变化也比较大，从小学阶段的2分钟左右一直到高中阶段的10分钟左右。画面也随着年龄阶段的变化而变化，由动画和直接表现逐步向动作呈现的方向发展。语言从小学阶段的商量式的交流方式转变为中学阶段的互动式、探究式交流。文字从拼音标注到简洁文字。中小学阶段微课的画面、语言、文字有互补性，一般来说不宜出现简单重复的情况。

（3）从学习者“学”的方面建构微课。在体育微课的知识部分学习，采取“课前自主学习任务单”的形式，让学生通过学习微课的内容，回答任务单的问题，驱动学生主动进行微课学习；在自主学练阶段下达学习的总任务，让学生围绕任务的完成进行练习，驱动学生开展自主学练。两种任务共同驱动学生的微课学习活动。

（二）中小学体育微课赏析

课例1　站立式起跑——各就位

微课设计

系列名称	快速跑
微课名称	站立式起跑——各就位
学练目标	知:认识起跑线并且能说出站立式起跑的口令、站立位置; 能:在口令支配下独立完成“各就位”的动作,培养自主学习的能力; 行:形成正确的站立式起跑姿态,养成一切行动听指挥的良好习惯; 健:具备健康的心理素养,锻炼站立式姿态美
知识点来源	学科:体育与健康;年级:三、四年级;教材:人教社2013版;章节:第四章第一节
学练重难点	重点:站立位置与身体姿态; 难点:身体姿态的控制
学练类型	讲授型　问答型　启发型　讨论型　演示型　联系型　实验型　表演型　自主学习型　探究学习型　其他
适用对象	学生:供基于微课的翻转课堂自主学练用
设计思路	利用课件、视频和线段标注,正确反映各就位动作方法及学练方法

续 表

微课设计(脚本)			
阶段	内容	画面及配音	预计时间
一、片头设计	站立式起跑——各就位 制作者:***	PPT制作	5秒
二、导入手法	视频导入	画面:截取不同的站立式起跑的画面; 配音:同学们想一想,为什么采用有些起跑方式会在开始时就落后于同伴?(引入起跑技术概念) 重放:再回放开始画面,定格在开始的一二步上,箭头标出前面的、后面的人	20秒
三、呈现动作	1.呈现站立式起跑动作; 2.认识起跑线(在跑的范围内); 3.站位:试试前后站时哪只脚放在前面及前后距离; 4.脚与手的异侧位; 5.体前倾,腿要曲	画面:标注起跑区域和起跑线; 配音:脚踩线是不可以的; 画面:呈现两只脚不同位置的调整,前后距离的调整; 配音:左脚在前还是右脚在前呢?前后距离怎么定呢? 画面:拇指与其他四指自然握拳,强调异侧臂;(画面显示正确的及错误的做法) 配音:这样是正确的,这样是错误的,记住脚、手是异侧; 画面:体前倾,腿弯曲; 配音:准备跑了!身体向前倾,腿部要有点弯曲哦	80秒

续 表

微课设计(脚本)			
阶段	内容	画面及配音	预计时间
四、引导学练	自主学练: 1. 找:自己前后腿蹬地或单脚跳一跳,找一找有力腿? 2. 站:听“各就位!”,前后站立; 3. 倾:前倾弯腿; 4. 查:查一查脚是否踩线,手脚是否异侧; 5. 一步站立,一步到位	画面:出现学生找有力腿的画面; 配音:找到并试试,反复练习3—5次,直到自己满意为止; 画面:学生放脚练习; 配音:注意前面脚是什么脚? 能压线吗? 后面脚怎么放? 画面:前倾弯腿动作; 配音:找适合的前倾角和弯度,连续做5次; 画面:依次查脚、手、躯干、腿; 画面:呈现完整动作视频	60秒
五、任务	1. 熟练掌握“各就位”站立姿势; 2. 拍一段起跑视频或站位的照片发给老师	配音:想一想,这个视频在什么角度拍,你的动作完成情况老师看得最清楚?	5秒
素材准备	1.PPT制作;2. 录制的素材;3. 技术处理		
硬件准备	1. 摄像机;2. 照相机;3.PC机;4. 耳麦		
软件准备	1. 录制软件;2. 格式工厂;3. 播放软件;4. 字体软件;5. 其他应用软件等		
微课制作反思	1. 微课以动画形式呈现动作,站立动作呈现的精准度有待进一步完善; 2. 微课的语言需进一步优化,尽可能与学习者平等交流; 3. 两腿弯曲程度的比较可以更深入一些,让学生体会弯曲到什么程度最合适		

微课二维码

1. 请打开手机微信，用微信扫一扫二维码。
2. 打开视频进行观看。

微课评析

● 概述

本微课适用于基于微课的翻转课堂或学生课前自主练习，从学习者的角度设计微课，充分考虑学生自主学习的实际。微课结构清晰，较合理地完成了动作呈现、自主学练等重要环节，不拘泥于传统的讲解示范，以讲清理透为主要目标。画面简洁明了，没有无关元素的干扰，直入主题,。在动作呈现方面采用动画形式，直观呈现了“站立式起跑——各就位”的动作，学练动作清晰、准确。

● 特点

微课有“合理呈现、探究思考、自主学练”三个完整的主要呈现阶段，是典型的“三段法”体育微课。在合理呈现阶段，采用动画的方式，把量步的方法、步距直观地表达出来。用画中画分别呈现了起跑的三个阶段，进一步描述了站立式起跑的阶段性特征。在探究思考部分则提出问题，让学生通过思考去探究。自主学练部分则分步骤进行“量步”，把微课知识运用到实践中帮助学生理解和学习。

● 建议

自主学练环节中，学法指导再精细一些就更好了。自主学练只强调练习的数量，忽视了学练的质量要求。另外，忽视了“站立式起跑——各就位”的易犯错误——异侧肢，应在自主学练环节将异侧肢强调一下，防止出现同手同脚的情况。微课的语言可以增加一些引导性、互动性的语言提示，让学生边看边学，改变练习方式，避免人物演示一镜到底，容易让学习者产生视觉疲劳。

课例2 足球游戏组合

微课设计

系列名称	小足球
微课名称	足球游戏组合
学练目标	知:能说出足球游戏的方法和规则; 能:能正确、积极地参与和完成游戏,培养自主学习的能力; 行:养成良好、规范的行为习惯,培养规则意识; 健:具有积极健康的心态
知识点来源	学科:体育与健康;年级:四年级;教材:人教社2013版;章节:第六章
学练重难点	重点:游戏的方法; 难点:规则意识的形成
学练类型	讲授型　问答型　启发型　讨论型　演示型　联系型　实验型　表演型　自主学习型　探究学习型　其他
适用对象	学生:课前自主学习游戏内容与方法,课中指导开展游戏
设计思路	1.介绍游戏的动作方法; 2.视频演示; 3.通过视频引导学生敢于挑战

续 表

微课设计(脚本)			
阶段	内容	画面及配音	预计时间
一、片头设计	足球游戏组合 执教教师:****	画面:片头内容; 配音:介绍课的内容,以及学段水平、单位、教师	5秒
二、视频导入	语言导入	配音:今天我们一起来做三个足球游戏	5秒
三、动作呈现	1.踢腿跳; 2.我想当球星; 3.任意门	画面: 1.利用箭头标识标出游戏难度等级; 2.利用慢动作,清晰流畅展示动作; 配音:(介绍游戏动作方法); 画面:利用45度镜头,展示出游戏整体结构; 配音:(用语言摆出一种“球门”,引导学生创意自己的球门)	2分20秒
素材准备	1.PPT制作;2.录制的素材;3.技术处理		
硬件准备	1.摄像机;2.照相机;3.PC机;4.耳麦		
软件准备	1.录制软件;2.格式工厂;3.播放软件;4.字体软件;5.其他应用软件等		
微课制作反思	1.游戏中部分镜头角度偏低,应选好拍摄角度; 2.游戏创编提示部分语言应简洁一些; 3.游戏中的安全要素需要考虑		

微课二维码

1. 请打开手机微信，用微信扫一扫二维码。
2. 打开视频进行观看。

微课评析

● 概述

本微课适用于课前自主学习，让学习者课前掌握游戏方法，课中直接开展游戏活动，缩短任务布置、规则讲解和游戏示范的时间。本游戏由三个练习组合形成，动作讲解清晰、直观，易于学生掌握。

● 特点

本节足球游戏组合微课以“目标引领、任务驱动”为主线，给了学习者明确的学习方向。微课中的合理呈现部分，通过动作演示以及标注，让学习者能够轻易掌握。采用侧面与正面示范相结合的方式，通过动画直观地演示了三种不同的触球动作。学练内容由易到难、层层递进，反复强调动作要求，让学习者很快找准足球动作学习规律，避免出错。采用独特的转场技术让微课的画面栩栩如生，技术动作呈现科学合理，主线条理清晰。

● 建议

本节微课可以结合足球趣味玩法特点设计学练方法。例如，可以增加一些闯关小游戏或者增加引导性、互动性的语言提示。另外，建议微课中的标注不要过于烦琐，力求简单实效。音乐的选择可以根据教学环节的不同，选择节奏分明、符合足球教学特点的音乐。

课例3 跳绳——穿梭跳长绳

微课设计

系列名称	跳绳教学
微课名称	穿梭跳长绳
知识点来源	学科:体育与健康;年级:五年级;教材:人教社2013版;章节:跳绳
学练目标	知:了解穿梭跳长绳的入绳及出绳的动作方法,知道学练的方法; 能:能把握入绳及出绳时机,并能协调配合,发展身体协调能力; 行:培养良好的合作意识,以及克服困难的信心; 健:控制身体姿态,保持跳绳时的动作美感
学练重难点	重点:两人跑入及时,路线正确; 难点:摇绳人与跳绳人的配合,摇绳节奏稳定
学练类型	讲授型 问答型 启发型 讨论型 演示型 联系型 实验型 表演型 自主学习型 探究学习型 其他
适用对象	学生:供学生自主学习与练习,或基于微课翻转课堂自主学练使用
设计思路	动作技术解析,视频和线段标注,合理呈现穿梭跳长绳的动作方法

微课设计(脚本)

阶段	内容	画面及配音	预计时间
一、片头	跳绳——穿梭跳长绳 制作者:***	PPT制作	6秒
二、导入	一段精彩的穿梭跳长绳的视频	画面:4—6人欢快地穿梭跳长绳的场景; 配音:注意观察怎样入绳及出绳?	20秒

续 表

微课设计(脚本)			
阶段	内容	画面及配音	预计时间
三、合理呈现	穿梭跳长绳完整动作呈现: 1.摇绳人站位; 2.跳绳人站位; 3.完整动作	画面: 1.摇绳人面对面站立; 2.跳绳人交叉站位; 3.用PPT动画分析上绳的动作	50秒
四、应用探究	提出问题,思考后再进行课堂探究	配音:你有什么方法增加两人入绳的默契呢?	30秒
五、自主学练	总任务: 连续穿梭跳长绳。 1.熟悉路线:摇绳人面对面站立,跳绳人进行熟悉路线走动练习; 2.两人交叉进行走动:摇绳人面对面站立,跳绳人同时交叉对面入绳; 3.两人摇长绳,跳绳人同时从对面入绳	画面: 1.基础任务:完成3次穿梭跳长绳; 2.提高任务:连续完成5个穿梭跳长绳; 3.挑战任务:连续完成10个以上穿梭跳长绳	120秒
六、任务	拍一段连续穿梭跳长绳的视频传给老师	字幕要求:发送一段完整的穿梭跳长绳视频给老师	20秒
微课制作反思	1.穿梭跳长绳的分镜头角度偏低,应选用俯视角度拍摄; 2.穿梭路线标注不是很明确,应用箭头标注穿梭路径; 3.练习中应提示安全要素		

课前自主学习任务单

一、学习指南	设计依据
1.名称:跳绳——穿梭跳长绳	观看视频可以让学生了解穿梭跳长绳动作方法
2.达成目标: (1)能简单说出穿梭跳长绳的动作方法; (2)对穿梭跳长绳入绳及出绳时机的规律有进一步的理解,并具备应用能力; (3)培养解决问题能力和主动思考的好习惯	观看视频可以让学生直观地了解穿梭跳长绳的动作知识
3.学习方法建议: 通过电脑、平板等硬件设备,在资源平台或微信群里下载相关学习资源,自主学习,对照任务单问题寻找答案	网络资源丰富、交互性好,支持移动学习
4.课堂学习形式预告: (1)分享穿梭跳长绳的有关知识; (2)小组间比较穿梭跳长绳的正确性; (3)根据每个人对穿梭跳长绳的掌握情况进行合作练习; (4)讨论与分析穿梭跳长绳与“8”字跳长绳的区别	通过相互比较、小组讨论等形式,研究动作特点
二、学习任务	设计依据
1.简述穿梭跳长绳的动作方法与练习要点; 2.穿梭跳长绳时,如何找准入绳及出绳时机? 3.简述穿梭跳长绳时,两人是怎么跑动的?	借助任务单的指引,让学生以自学的方式学会本课中的部分关键点,并产生新的疑问,带进课堂,更好地激发学生主动学习的兴趣

续 表

三、自我评价			/
作业兴趣	你对自己在穿梭跳长绳学练中的动作满意吗?		
作业态度	你完成了课前自主学习任务了吗?		
目标达成	你能说出穿梭跳长绳的动作方法吗?		
	你知道穿梭跳长绳在跳绳比赛中有什么作用吗?		
情感体验	你能感受到正确动作的掌握对比赛有什么作用吗?		
四、疑问箱			/
在学习的过程中,你遇到了什么困难? 答:			

微课二维码

1. 请打开手机微信,用微信扫一扫二维码。

2. 打开视频进行观看。

微课评析

●概述

本微课适用于基于微课的翻转课堂或学生课前自主练习和预习，从学习者角度设计微课，充分考虑学生自主学习的实际，结构完整。微课中包含“动作呈现、应用探究、自主学练”三个重要环节。微课语言精准，文字标注清晰准确，画面简洁。

●特点

该微课的创新点在于沿用“任务驱动、目标引领、导学练一体”的微课设计模式。在知识学习部分，采用“课前自主学习任务单”，驱动学生主动学习微课并完成任务单中的问题，实现了知识的建构；在自主学练部分，突破通常的练习方法和数量的要求，提出质量目标，最后学生通过上传视频的方式完成学练任务。在质量目标处理上非常合理，提出连续完成动作的数量，即通过连续完成动作数量检验学生对学练动作的掌握程度，保证技能动作的有效形成。

●建议

本节微课在自主学练环节中，学法建议可以再精准一些，注重动作之间的相互关联性。另外，要准确研究“穿梭”的时机与方法，揭示进绳的规律，以利于学生更快地掌握。建议用箭头标注来引导学习者掌握进绳时机，帮助理解进绳的位置和出绳的位置。微课在解决重难点时，可以通过动画的形式帮助学生理解动作。

课例4 蹲踞式起跑——各就位

微课设计

系列名称	蹲踞式起跑
微课名称	蹲踞式起跑——各就位
学练目标	知:了解蹲踞式起跑的三个口令及相应的要求,理解各就位时五点触地的位置; 能:掌握各就位时脚、手支撑地面的位置和方法,培养自主学习的能力; 行:形成规范的各就位动作; 健:养成健康心态,锻炼优美姿态
知识点来源	学科:体育与健康;年级:七年级;教材:人教社2011版;章节:第二章
学练重难点	重点:丈量脚与起跑线距离的方法; 难点:五点触地的位置和手型
学练类型	讲授型 问答型 启发型 讨论型 演示型 联系型 实验型 表演型 自主学习型 探究学习型 其他
适用对象	学生:供基于微课的翻转课堂自主学练或课前预习使用
设计思路	利用线段,正确标注五点的位置

微课设计(脚本)

阶段	内容	画面及配音	预计时间
一、片头设计	蹲踞式起跑——各就位 制作人:***	配音:(介绍学习内容)	10秒
二、导入手法	导入一段短跑的视频。采用视频慢放的技术,再现起跑	配音:这些运动员采用什么方式起跑? 画面:蹲踞式起跑	40秒

续 表

微课设计(脚本)			
阶段	内容	画面及配音	预计时间
三、呈现动作(是什么?)	1.介绍蹲踞式起跑各就位、预备、跑三个口令所对应的三个动作; 2.各就位动作要求; (1)认识起跑线有普通式和加长式。以普通式为例:前脚离起跑线外沿一脚半,后脚离前脚一脚距离,两脚左右间隔10cm; (2)两手虎口分开,四指并拢成八字形,贴于起跑线外沿; (3)两臂与肩同宽	画面:出现各就位—预备—跑视频; 配音:想一想,终点线在不在跑的距离内? 画面:前脚离起跑线一脚半,用线段标示一脚半长度。后脚与前脚距离约一脚半,同样标注长度。两脚左右间隔10cm; 画面:图片呈现虎口张开,四指并拢; 画面:大指相对,虎口朝外,贴于线外,两臂与肩同宽,支撑地面	2分钟
四、揭示规律(为什么?)	五点着地	画面:延长教师各就位固定姿势,让学生观察; 配音:请找出是哪五点着地?这五个点之间的位置有什么关系?上课老师请你回答哟	60秒
五、引导学练(怎么做?)	1.划起跑线; 2.脚的位置;(三点定位) 3.手的位置	画面:标示跑的方向、起跑线、预备区; 画面:前脚一脚半丈量方法;(文字提示:三点定位) 画面:两手八字形,虎口朝外,大拇指相对,两臂与肩同宽,贴于起跑线外侧;(文字提示:线外侧,与肩同宽。光标闪动及线段标注) 画面:(文字要求把上述动作反复做10次,分步量,手到位,五点位置正确)	2分钟

续 表

微课设计(脚本)			
阶段	内容	画面及配音	预计时间
六、任务	用手机拍一段各就位的视频传给老师	画面:(文字提示:一定要有起跑线,位置一定要准确)	20秒
素材准备	1.PPT制作;2.录制的素材;3.技术处理		
硬件准备	1.摄像机;2.照相机;3.PC机,4.耳麦		
软件准备	1.录制软件;2.格式工厂;3.播放软件;4.字体软件;5.其他应用软件等		
设计反思	1.语言平淡,与学生交流互动性有待提高; 2.人与起跑线的位置需要明确; 3.指导学练方式技术性强,兴趣方面有待调整		

课前自主学习任务单

一、学习指南	设计依据
1.名称:蹲踞式起跑——各就位	/
2.达成目标: (1)通过任务单问题解答,结合视频内容学习,能说出各就位的动作方法; (2)自主观看视频,了解蹲踞式起跑各就位的动作方法,对脚、手的位置有正确的理解,能自主测量脚的位置,知道手的支撑方法,手的位置和手间的距离; (3)培养学生主动学习,主动思考的良好习惯	视频观看可以让学生直观地了解各就位动作知识
3.学习方法建议: 通过电脑、平板等硬件设备,在资源平台或微信群里下载相关学习资源,自主学习,对照任务单问题寻求答案	网络资源丰富、交互性好,支持移动学习

续 表

<table>
<tr><td colspan="3">一、学习指南</td><td>设计依据</td></tr>
<tr><td colspan="3">4.课堂学习形式预告：
(1)分享短跑起跑的有关知识；
(2)小组间相互比较各就位动作的正确性；
(3)小组给组员的动作进行调整；
(4)讨论与分析各就位动作对起跑的作用</td><td>通过相互比较、小组讨论等形式，研究动作特点</td></tr>
<tr><td colspan="3">二、学习任务</td><td>设计依据</td></tr>
<tr><td colspan="3">1.起跑线有多宽？
2.为什么起跑时手不能压在起跑线上？
3.简述各就位时脚的位置、手的位置？
4.想一想，各就位时哪五点着地？</td><td>借助任务单的指引，让学生以自学的方式学会本课中的部分关键点，并产生新的疑问，带进课堂，更好地激发学生主动学习的兴趣</td></tr>
<tr><td colspan="3">三、自我评价</td><td></td></tr>
<tr><td>作业兴趣</td><td>你对自己在蹲踞式起跑中的动作满意吗？</td><td></td><td rowspan="5"></td></tr>
<tr><td>作业态度</td><td>你完成了课前自主学习任务了吗？</td><td></td></tr>
<tr><td rowspan="2">目标达成</td><td>你了解各就位的动作方法吗？</td><td></td></tr>
<tr><td>你知道为什么手不能压在起跑线上吗？</td><td></td></tr>
<tr><td>情感体验</td><td>你感受到正确动作能帮助快速启动吗？</td><td></td></tr>
<tr><td colspan="3">四、疑问箱</td><td>/</td></tr>
<tr><td colspan="3">在学习的过程中，你遇到了什么困难？
答：</td><td></td></tr>
</table>

微课二维码

1. 请打开手机微信，用微信扫一扫二维码。
2. 打开视频进行观看。

微课评析

● 概述

“蹲踞式起跑——各就位”适用于七年级及以上学生的学习，用于基于微课的翻转课堂课前自主学习或预习用，主要是让学生了解短跑起跑时手、脚的具体位置，即五点着地。量步是微课的重要内容，让学生正确掌握量步的方法是微课的中心部分。

微课从认识起跑线开始，接着通过动画呈现量步的过程，再揭示关键内容“五点着地”。微课采用了任务驱动的方式，促使学生主动进行学习与练习活动。

● 特点

微课有“合理呈现、有效探究、自主学练”三个完整的阶段，是典型的“三段法”体育微课。在合理呈现阶段，采用动画的方式，把量步的流程、方法、步距直观地表达出来，用多屏画面分别呈现起跑的三个阶段，进一步描述了短跑起跑的阶段性特征。在有效探究部分则用“为什么手不能压在起跑线上?”的问题，让学生通过思考去探究不能“压线”的原因。自主学练部分则指导学生“量步”，把微课的知识运用到实践中。

● 建议

微课的语言以讲述为主，可以增加一些引导性、互动性的语言提示，让学生边看边学，避免人物演示一镜到底，让学习者产生视觉疲劳。

课例5 直线运球游戏

微课设计

系列名称	足球教学		
微课名称	直线运球游戏		
知识点来源	学科:体育与健康;年级:一年级;教材:人教社2013版;章节:足球		
学练目标	知:学生能说出直线运球游戏的方法,知道学练的步骤; 能:用脚的各部位将球推出,并能控制球的方向与速度,增强脚的各部位直线运球的能力和发展身体协调能力; 行:端正学习态度,养成自主学练的习惯; 健:培养对足球游戏的兴趣,促进身心健康		
学练重难点	重点:推成直线; 难点:非惯用脚推成直线		
学练类型	讲授型　问答型　启发型　讨论型　演示型　联系型　实验型　表演型　自主学习型　探究学习型　其他		
适用对象	学生:供学生自主学习与练习,或基于微课翻转课堂自主学练		
设计思路	动作技术视频解析和线段标注,合理呈现动作方法		
微课设计(脚本)			
阶段	内容	画面及配音	预计时间
一、片头	足球—直线运球游戏 制作人:***	动画PPT	6秒
二、导入	一段快乐的足球游戏视频	画面:一段小朋友运球的视频。采用多视频呈现技术,讲解直线运球游戏的具体运用	20秒

续 表

微课设计(脚本)			
阶段	内容	画面及配音	预计时间
三、合理呈现	动作呈现: 1.直线运球; 2.脚触球的位置; 3.推球动作	画面:直线运球。 1.脚的3个部位直线运球; 2.脚与球接触部位; 3.动画演示脚推球的动作	76秒
四、应用探究	提出问题,思考后再进行课堂探究	配音:试一试,哪一种直线运球更适合你呢?	10秒
五、自主学练	总任务:跑动中完成直线运球20米。 难度等级目标: 球星,直线运球20米,限定宽度为5米; 巨星,直线运球20米,限定宽度为3米; 球王,直线运球20米,限定宽度为1米 游戏:推纸盒。 方法:地面设置不同距离的方格标志,用脚将纸盒推进不同的数字方格	画面:呈现不同难度等级任务目标的画面; 画面:(文字提示) 球星:按数字顺序,能将纸盒推进相应数字的方格内(左右脚); 巨星:不按顺序,能用脚的各部位将纸盒推进方格(左右脚); 球王:共5次机会,可以5次都能将纸盒推到同一位置(左右脚); (文字提示:连续直线推拨纸盒,动作不准停顿) 配音:想不想试试,你能达到多少级?	218秒
六、任务	请用手机拍一段20秒内运球的视频传给老师	(文字提示:发送一段完整的运球视频)	20秒
微课制作反思	1.本节微课的语言互动性不足,应多增加互动性的语言提示; 2.微课的学练环节,没有提示安全要求; 3.微课的探究问题不够发散,提出的问题要让学生有究可探		

课前自主学习任务单

<table>
<tr><td colspan="3">一、学习指南</td><td>设计依据</td></tr>
<tr><td colspan="3">1.名称:足球——直线运球游戏</td><td>观看视频可以让学生了解直线运球规则与方法</td></tr>
<tr><td colspan="3">2.达成目标:
(1)能说出直线运球的部位与推球方法;
(2)对推球动作的规律有进一步的理解,并具备应用能力;
(3)培养解决问题能力和主动思考的好习惯</td><td>视频观看可以让学生直观地了解直线运球的动作知识</td></tr>
<tr><td colspan="3">3.学习方法建议:
通过电脑、平板等硬件设备,在资源平台或微信群里下载相关学习资源,自主学习,对照任务单问题寻求答案</td><td>网络资源丰富、交互性好,支持移动学习</td></tr>
<tr><td colspan="3">4.课堂学习形式预告:
(1)分享直线运球游戏的有关知识;
(2)小组间相互比较直线运球动作的正确性;
(3)根据每个人对直线运球的掌握情况进行合作练习;
(4)讨论与分析直线运球与曲线运球之间的区别</td><td>通过相互比较、小组讨论等形式,研究动作特点</td></tr>
<tr><td colspan="3">二、学习任务</td><td>设计依据</td></tr>
<tr><td colspan="3">1.你知道还可以用脚的哪些部位进行直线运球吗?
2.直线运球时,用脚推球的什么部位才会让球沿着地面滚动呢?</td><td>借助任务单的指引,让学生以自学的方式学会本课中的部分关键点,并产生新的疑问,带进课堂,更好地激发学生主动学习的兴趣</td></tr>
<tr><td colspan="3">三、自我评价</td><td>/</td></tr>
<tr><td>作业兴趣</td><td>你对自己在直线运球游戏中的推球动作满意吗?</td><td></td><td rowspan="2"></td></tr>
<tr><td>作业态度</td><td>你完成了课前自主学习任务了吗?</td><td></td></tr>
</table>

续 表

三、自我评价			/
目标达成	你能说出直线运球游戏的动作方法吗?		
	你知道直线运球在比赛中有什么用吗?		
情感体验	你能感受到正确动作的掌握对比赛有什么作用吗?		
四、疑问箱			/
在学习的过程中,你遇到了什么困难? 答:			

微课二维码

1. 请打开手机微信，用微信扫一扫二维码。
2. 打开视频进行观看。

微课评析

●概述

足球游戏，是根据小学一二年级学生的动作特点和实际能力设置的教学内容，具有一定的游戏性、趣味性、竞争性以及全面锻炼身体的特点，是小学水平一球类活动的主要教学内容之一。足球技术动作需要进行延续性的学习，所以，学习者在学练时需要记住动作名称、触球部位以及动作的攻防特点等。对于初学者而言，需要掌握脚触球的部位和球触脚的部位，这是学好本节足球微课的关键环节。教学时教师要提示学生重点掌握足球的练习方法、触球部位以及注意事项，提高动作的规范性、协调性和连贯性，使动作衔接自然、连贯，做到脚触球部位准确。

●特点

本节直线运球游戏微课以“目标引领、任务驱动”为主线，环环相扣，贯穿教学始终，给学习者指明了学习方向。微课演示讲解清晰、示范动作规范，视频中的触球部位通过动态图案标注，让学习者易于掌握脚触球的正确部位。教师采用了侧面示范和正面示范相结合，直观地演示了三种不同部位的触球动作。通过设定三级目标（球星、巨星、球王），学练内容由简到繁、层层递进，反复强调动作要求，让学习者可以很快找准动作学习规律，避免出错。另外，视频中可爱的莲娃形象很好地诠释了足球运动的魅力与价值，很受学生的喜爱，独特的转场技术让微课的画面栩栩如生。

●建议

本节微课可以结合足球技术动作的特点设计学练方法，例如，可以增加一些引导性、互动性的语言提示，让学生边看边学，改变练习方式。另外，微课中的自主学练部分批注过于单一，建议遵循足球教学技术特点，合理呈现标注。可以根据教学环节的不同，选择节奏分明，能够符合足球教学特点的音乐。

课例6 武术基本手型——拳、掌、勾

微课设计

系列名称	武术教学		
微课名称	武术基本手型——拳、掌、勾		
知识点来源	学科:体育与健康;年级:一、二年级;教材:人教社2013版;章节:武术		
学练目标	知:学生能够说出武术基本手型的动作名称; 能:掌握基本手型的练习方法; 行:崇尚武德,保持良好的身体姿态和健康的行为习惯; 健:培养以武健体的意识,形成健康的心理和刻苦练习的意志品质		
学练重难点	重点:正确掌握武术基本手型; 难点:动作的准确性,展示武术的“精气神”		
学练类型	讲授型　问答型　启发型　讨论型　演示型　联系型　实验型　表演型　自主学习型　探究学习型　其他		
适用对象	学生:供学生自主学习与练习,或基于微课翻转课堂自主学练使用		
设计思路	动作技术视频解析和线段标注		
微课设计(脚本)			
阶段	内容	画面及配音	预计时间
一、片头	武术基本手型——拳、掌、勾 制作人:***	视频制作	5秒
二、赏一赏	1.任务单二维码; 2.一段武术精彩视频	画面:呈现任务单二维码; (文字提示:扫描二维码,下载任务单,阅读问题) 画面:一段学生的演练视频; 配音:注意找出“拳、掌、勾”动作	20秒

续 表

微课设计(脚本)			
阶段	内容	画面及配音	预计时间
三、学一学	基本手型的动作呈现: 1.拳; 2.掌; 3.勾	画面:拳; (介绍拳的组成部分——拳轮、拳面、拳心、拳眼、拳背。多角度呈现) 画面:掌; (介绍掌的组成部分——掌心、掌根、掌背、掌指。多角度呈现) 画面:勾; (勾的动作展现——勾顶、勾尖。多角度呈现)	50秒
四、想一想	提出问题,思考后课堂内每个同学要回答问题,并对别人回答的问题发表看法	配音:你知道拳、掌、勾在武术学习中的运用吗?	10秒
五、练一练	总目标: 武者:动作路线、方向正确; 武圣:动作协调、准确熟练; 武神:动作流畅,有力有神。 学练一:拳。 (四指并拢卷握,拇指弯曲紧扣食指和中指的第二指节处,拳与前臂保持平直) 学练二:掌。 (四指伸直并拢,拇指弯曲内扣) 学练三:勾。 (五指指尖捏拢在一起,屈腕)	画面:拳的领做,慢动作细节展示; (要求:拇指紧扣在食指和中指的第二关节处) 画面:掌的领做,慢动作细节展示; (要求:四指要并拢,掌要立,腕要沉) 画面:勾的领做,慢动作细节展示; (要求:并指屈腕)	125秒

续 表

微课设计(脚本)			
阶段	内容	画面及配音	预计时间
六、任务	拍摄自己做拳掌勾动作的图片传给老师	(文字提示:发送拳掌勾的图片)	20秒
素材准备	1.PPT制作;2.录制的素材;3.技术处理		
硬件准备	1.摄像机;2.照相机;3.PC机;4.耳麦		
软件准备	1.录制软件;2.格式工厂;3.播放软件;4.字体软件;5.其他应用软件等		
微课制作反思	1.语言平淡,与学生交流互动性有待进一步提高; 2.标注应更加呈现合理、自然; 3.武术文化上体现较少,兴趣方面有待调整		

课前自主学习任务单

一、学习指南	设计依据
1.名称:武术基本手型——拳、掌、勾	观看视频可以让学生了拳、掌、勾的动作方法
2.达成目标: (1)能简单说出拳、掌、勾由哪些部分组成; (2)能做出拳、掌、勾; (3)培养解决问题能力和主动思考的好习惯	视频观看可以让学生直观地了解拳、掌、勾
3.学习方法建议: 通过电脑、平板等硬件设备,在资源平台或微信群里下载相关学习资源,自主学习,对照任务单问题寻求答案	网络资源丰富、交互性好,支持移动学习

续 表

<table>
<tr><td colspan="3">一、学习指南</td><td>设计依据</td></tr>
<tr><td colspan="3">4.课堂学习形式预告：
(1)分享拳、掌、勾的学练体验；
(2)小组间相互比较拳、掌、勾动作的正确性；
(3)小组集中合作练习及集体展示；
(4)讨论与分析拳、掌、勾在武术学习中的运用</td><td>通过相互比较、小组讨论等形式，研究动作特点</td></tr>
<tr><td colspan="3">二、学习任务</td><td>设计依据</td></tr>
<tr><td colspan="3">1.简述拳、掌、勾的组成部分？
2.简述拳、掌、勾在武术学习中会有哪些运用？</td><td>借助任务单的指引，让学生以自学的方式学会本课中的部分关键点，并产生新的疑问，带进课堂，更好地激发学生主动学习的兴趣</td></tr>
<tr><td colspan="3">三、自我评价</td><td>/</td></tr>
<tr><td>作业兴趣</td><td>你对自己在拳、掌、勾学练中做出的动作满意吗？</td><td></td><td rowspan="5"></td></tr>
<tr><td>作业态度</td><td>你完成了课前自主学习任务吗？</td><td></td></tr>
<tr><td rowspan="2">目标达成</td><td>你能说出拳、掌、勾的动作方法吗？</td><td></td></tr>
<tr><td>你知道拳、掌、勾在生活中有什么用吗？</td><td></td></tr>
<tr><td>情感体验</td><td>你能感受到正确动作的掌握对生活有什么作用吗？</td><td></td></tr>
<tr><td colspan="3">四、疑问箱</td><td>/</td></tr>
<tr><td colspan="3">在学习的过程中，你遇到了什么困难？
答：</td><td></td></tr>
</table>

微课二维码

1. 请打开手机微信，用微信扫一扫二维码。
2. 打开视频进行观看。

微课评析

●概述

武术基本动作包括简单的手型、手法和步型、步法等内容。微课设计时，老师的动作呈现要规范正确、动静结合且主次分明，解说要与视频中图文和视频形成互补效果，学习环节的衔接需自然流畅。学生通过观看微课首先知晓动作名称，然后通过自主练习，做到对动作路线基本掌握，对武术礼仪基本了解，最后要体会武术中的“精气神”。

图12　武术微课片头

●特点

本节武术微课开始用水墨背景渲染，从学生视角出发，呈现学生演练的动作，令人赏心悦目，一下子吸引住学生的眼球，激发起学生对武术学习的兴趣。整个微课按照“赏—学—思—练”的轨迹层层推进。在精彩视频激趣后，引出主题，接着是学习动作要素，然后启发学生思考，引领学生开动脑筋，最后是引导练习，并在此基础上强调动作质量。在各环节之间用体现中华文化风采的卷轴来衔接，体现出中华武术的神韵。

图13　武术微课衔接

●建议

本节微课中的注释最好标注在动作静止状态时，且重要标注点可用不同颜色显示，这样可使学生在观看学习时清楚、明确。解说时不可忽略文字，需在视频中呈现关键词，避免学生听不懂教师在讲什么。各学习环节过渡的语言尚显生硬，需再斟酌。人物可采用浅彩色动画或水墨漫画人物形象，符合低学段学生的兴趣。

课例7　足球——脚背内侧踢球

微课设计

系列名称	足球
微课名称	足球——脚背内侧踢球
学练目标	知:学生能掌握斜线助跑动作,知道支撑脚的位置; 能:能够完成脚背内侧踢球,并能够准确掌握踢球的位置; 行:养成自主学习的好习惯; 健:增强体质,形成良好的运动意识
知识点来源	学科:体育与健康;年级:三年级;教材:人教社2014版;章节:第六章
学练重难点	重点:斜线助跑,支撑脚的位置;难点:脚踢球的位置
学练类型	讲授型　问答型　启发型　讨论型　演示型　联系型　实验型　表演型　自主学习型　探究学习型　其他
适用对象	学生:供基于微课的翻转课堂自主学练用
设计思路	课件、视频和线段标注

微课设计(脚本)

阶段	内容	画面及配音	预计时间
一、片头设计	足球——脚背内侧踢球 制作人:***	PPT制作	5秒
二、导入手法	一段足球比赛的精彩画面,重点展现脚背内侧踢球动作	画面:传接球,慢放呈现脚背内侧踢球完整动作; 配音:踢球脚的脚尖是朝向哪里的?	20秒
三、呈现动作	脚背内侧踢球摆腿膝外展呈现: 1.支撑脚位置固定; 2.踢球时脚尖的朝向; 3.脚背内侧击球中下部动作	画面: 1.标注支撑脚和球的距离; 2.慢放展现踢球脚脚尖朝向; 3.脚掌绷紧与地面平行,标注脚背内侧的击球部位,呈现完整推送或敲击球动作	80秒

续 表

微课设计(脚本)			
阶段	内容	画面及配音	预计时间
四、引导学练	总任务:脚背内侧踢球。 1.无球模仿练习:无球,模仿完整的踢球动作; 2.踢固定球练习:利用墙角或者家长的帮助,踢固定球; 3.游戏:足球打靶 方法:画一半径为3米的圆,在10米外用脚背内侧踢球,第一落点在圆内	画面:聚焦支撑脚的位置; (文字提示: 基础:原地模仿,掌握正确的支撑脚位置 提高:有助跑时掌握正确的支撑脚位置 挑战:完整动作的协调连贯) 画面:聚焦击球点的位置; (文字提示: 基础:原地模仿时,掌握正确的击球点 提高:有助跑时掌握正确的击球点 挑战:击球时踝关节能够固定) 画面:呈现踢球的完整过程; (文字提示: 基础:10次传球能够传准2次 提高:10次传球能够传准4次 挑战:10次传球能够传准6次)	60秒
五、任务	拍一段脚背内侧踢球的视频传给老师	(文字提示:发送一段练习视频) 配音:去练习吧,你将成为未来的球王!	5秒
素材准备	1.PPT制作;2.录制的素材;3.技术处理		
硬件准备	1.摄像机;2.照相机;3.PC机,4.耳麦		
软件准备	1.录制软件;2.PR;3.播放软件;4.字体软件;5.其他应用软件等		
微课制作反思	1.微课以动画形式呈现,站立动作精准度有待进一步完善; 2.微课的语言需进一步优化,尽可能与学习者平等交流		

课前自主学习任务单

<table>
<tr><td colspan="3">一、学习指南</td><td>设计依据</td></tr>
<tr><td colspan="3">1.名称:足球——脚背内侧踢球</td><td></td></tr>
<tr><td colspan="3">2.达成目标:
(1)能够说出脚背内侧踢球的击球部位和支撑脚的位置;
(2)能够说出脚背内侧踢球在实战中的作用</td><td>观看视频可以让学生直观地了解脚背内侧踢球的位置以及相应的运用</td></tr>
<tr><td colspan="3">3.学习方法建议:
通过电脑、平板等硬件设备,在资源平台或微信群里下载相关学习资源,自主学习,对照任务单问题寻求答案</td><td>网络的交互性、设备的可移动性、多媒体资源的丰富性可以提高学生学习的自主性和积极性</td></tr>
<tr><td colspan="3">4.课堂学习形式预告:
(1)小组成员互相检查动作的掌握情况;
(2)小组成员互相展示脚背内侧踢球的动作</td><td>通过相互比较、小组讨论等形式,研究动作特点</td></tr>
<tr><td colspan="3">二、学习任务</td><td>设计依据</td></tr>
<tr><td colspan="3">1.简述脚背内侧的击球位置;
2.脚背内侧踢出去的球是怎样旋转的?
3.简述脚背内侧踢球在实战中的运用</td><td>借助学习任务单的指引,让学生以自学的方式学会本课中的部分关键点,并产生新的疑问,带进课堂,更好地激发学生主动学习的兴趣</td></tr>
<tr><td colspan="3">三、自我评价</td><td>/</td></tr>
<tr><td>作业兴趣</td><td>你对自己脚背内侧踢球的掌握情况满意吗?</td><td></td><td rowspan="3"></td></tr>
<tr><td>作业态度</td><td>你完成了课前自主学习任务了吗?</td><td></td></tr>
<tr><td>目标达成</td><td>你能说出脚背内侧的部位吗?</td><td></td></tr>
</table>

续 表

三、自我评价			/
	你能够运用脚背内侧踢球吗？		
情感体验	你感受到正确动作的掌握对比赛的作用了吗？		
四、疑问箱			/
在学习的过程中，你遇到了什么困难？ 答：			

微课二维码

1. 请打开手机微信，用微信扫一扫二维码。
2. 打开视频进行观看。

微课评析

● 概述

本微课适用于基于微课的翻转课堂或学生课前自主练习使用，从学习者的角度设计微课，充分考虑了学生自主学习的实际，微课结构清晰。

● 特点

文字符合学生的语言理解能力，更容易激发学生的学习兴趣。画面的过渡自然，单元与单元之间的切换有图片模糊到清晰的效果。本节微课不仅展示技术动作，还展示学习方法。自主学练（练一练）为学生提供了由易到难的学习任务，让学生不仅知道怎么做，还知道怎么练。

●建议

在自主学练环节中，脚背内侧传球是比较难的项目，在初学状态下能够将球踢起来就已经很不容易了。而目标设置中强调准确率并不合适，后期应更加细致地研讨目标设定。

课例8 足球——斜传直插

微课设计

系列名称	足球教学
微课名称	足球——斜传直插
知识点来源	学科:体育与健康;年级:三年级;教材:人教社2013版;章节:足球
学练目标	知:学生能说出斜传直插的作用; 能:能做出无球跑动的动作,能掌握传球的时机 ; 行:养成自主学习的好习惯; 健:促进体质增强
学练重难点	重点:无球跑动的路线正确; 难点:传球的时机
学练类型	讲授型　问答型　启发型　讨论型　演示型　联系型　实验型　表演型　自主学习型　探究学习型　其他
适用对象	学生:供学生自主学习与练习,或基于微课翻转课堂自主学练使用
设计思路信息融合点	动作技术视频解析和动作路径合理呈现

续 表

微课设计(脚本)			
阶段	内容	画面及配音	预计时间
一、片头	足球——斜传直插 制作人:***	画面:精彩的足球视频; 配音:你好,今天我们继续学习足球战术——斜传直插。本节课将从四个方面进行学习	6秒
二、导入手法	视频展现比赛期间斜传直插动作,讲解斜传直插在比赛中的应用	画面:斜传直插完整视频; 配音:请观看一段完整的视频	50秒
三、呈现动作	PPT路径展示斜传直插的俯视图	画面:播放俯视画面,呈现斜传直插动作路径以及无球跑动路线; 配音:请观看斜传直插动作示范。注意运动员的跑动路线,传球队员传球的时机(文字提示:1.注意观察无球运动员的跑动路线;2.注意观察有球运动员传球的时机以及传球的方向)	50秒
四、应用探究	跑得慢,距离近,怎么传球? 跑得快,距离远,怎么传球? 无球跑动和传球怎么配合?	画面:各种情况下的斜传直插 (文字提示:跑得慢,距离近,怎么传球?跑得快,距离远,怎么传球?)	60秒

续 表

微课设计(脚本)			
阶段	内容	画面及配音	预计时间
五、引导学练	总任务: 1. 正确进行无球跑动; 2. 正确进行传球练习	画面:无球跑动练习 (文字提示: 基础:按正确的路线跑动 提高:跑动姿态正确,路线准确 挑战:跑动姿态正确,路线准确,跑动速度相宜。与传球同伴有交流或配合) 画面:传球练习 (文字提示: 基础:按正确的传球方向传球 提高:按正确的传球方向传球,传球方法合适,传球距离达到10米 挑战:向无球同伴提前示意,按正确的传球方向传球,传球距离达到15米,且传球时机准确)	120秒
六、任务	找到你的小伙伴,一起练习吧	配音:和小伙伴一起拍一段斜传直插传球的视频发给老师吧。老师期待你的精彩表现!	20秒
素材准备	1.PPT制作;2.录制的素材;3.技术处理		
硬件准备	1.摄像机;2.照相机;3.PC机;4.耳麦		
软件准备	1.录制软件;2.PR;3.播放软件;4.字体软件;5.其他应用软件等		
微课制作反思	1.微课以动画形式呈现动作,动作精准度有待进一步完善; 2.微课的语言需进一步优化		

课前自主学习任务单

<table>
<tr><td colspan="3">一、学习指南</td><td>设计依据</td></tr>
<tr><td colspan="3">1.名称:足球——斜传直插</td><td>/</td></tr>
<tr><td colspan="3">2.达成目标:
(1)能准确表达出斜传直插的动作方法;
(2)能正确根据斜传直插传球和跑动的路线进行跑动;
(3)发展合作精神</td><td>视频观看可以让学生直观的了解各就位动作知识</td></tr>
<tr><td colspan="3">3.学习方法建议:
通过手机、电脑、平板等硬件设备,在资源平台或微信群里下载相关学习资源,自主学习,对照任务单问题寻求答案</td><td>网络资源丰富、交互性好,支持移动学习</td></tr>
<tr><td colspan="3">4.课堂学习形式预告:
(1)分享斜传直插的有关知识;
(2)小组间相互比较动作的准确性</td><td>通过相互比较、小组讨论等形式,研究动作特点</td></tr>
<tr><td colspan="3">二、学习任务</td><td>设计依据</td></tr>
<tr><td colspan="3">1.观看微课,并说出斜传直插传球和跑动的路线;
2.通过观看微课,分别做出无球跑动和接球后传球的动作</td><td>借助学习任务单的指引,让学生以自学的方式学会本课中的部分关键点,并产生新的疑问,带进课堂,更好地激发学生主动学习的兴趣</td></tr>
<tr><td colspan="3">三、自我评价</td><td>/</td></tr>
<tr><td>作业兴趣</td><td>你对自己做出的跑动和传球动作满意吗?</td><td></td><td rowspan="2"></td></tr>
<tr><td>作业态度</td><td>你完成了课前自主学习任务了吗?</td><td></td></tr>
</table>

续 表

三、自我评价			/
目标达成	你了解斜传直插的动作方法吗？		
	你知道该什么时候传球什么时候跑动吗？		
情感体验	你感受到正确动作能帮助摆脱防守吗？		
四、疑问箱			/
在学习的过程中，你遇到了什么困难？ 答：			

微课二维码

1. 请打开手机微信，用微信扫一扫二维码。
2. 打开视频进行观看。

微课评析

概述

足球战术二过一配合是指在局部地区两名进攻队员通过连续传球配合越过一名防守队员的配合方法。斜传直插配合是足球二过一最基本的配合方法。本节微课的受众预设为小学生或足球初学者。

●特点

本微课背景以绿色和白色为主色调，为足球场上的常见颜色，令观看者感到顺畅不突兀。开篇采取设问的方式，提醒观看者注意本节微课的主题。配音亲切、流畅。

本节微课分为四个部分："看视频""学动作""勤思考""多练习"。在"看一看"中展示了斜传直插的动作，并简要介绍了斜传直插的作用和学习重点。在"学一学"中运用动画战术板详细展示了斜传直插的动作方法。"想一想"中提问"传球的最佳时机是什么?"在"练一练"环节，明确了练习任务。结尾部分布置了作业，要求观看者发送斜传直插练习视频，促使学习者有目的地去练习。

●建议

开始时是"看视频"，在后面的讲解中变成了"看一看"；"学动作"变成了"学一学"；"勤思考"变成了"想一想"；"多练习"变成了"练一练"。需要统一和优化，力求前后一致。

此战术有无球练习和有球练习，建议布置作业时可要求学习者分别发送无球练习和有球练习的视频作业。

足球运动有一定的危险性，建议在微课中加入安全提示。

第二节　翻转课堂典型课例

一、课例概述

基于微课的翻转课堂是微课应用的主要形式。体育翻转课堂教学中，学生活动主要是通过微课学习进行的自主学练，这一阶段主要掌握动作技能的基础部分，是一个动作的简单建构过程。教师收集学生微课学习的视频，进行分析后，制定课堂教学策略，在课堂教学中再提高学习效果，是一个精细化的学习过程。

本节收录的3件典型课例涵盖了初中、小学两个学段的田径、球类、武术内容，这些课程都运用了信息技术手段，融入新课程理念，将创新作为课程建构的基准点，以“学、练、赛”为课程主线，实现了“乐、动、会”的课程要求。

在准备部分一改传统做法，而是“以趣热身”。“脚内侧运球”准备部分的“自由运球”，“4×50米接力跑”的“开火车采红薯”等，都激发了学生的兴趣，又达到了热身的目的。主体部分以自主合作为主要形式，开展小组学习活动，如武术课例中给予小组学习的任务，并采用“自学互教”的两段式学习方法。每位同学都要教会别人。团队还要为了集体展示进行合作学习，让每位学生都享受成功的快乐。主体部分的后半部分一般都设计运动负荷较大的“赛”和“评”的环节，学生以最佳的状态参与“赛”，每位学生都享有“评”的权利。

这几个课例由于受研究对象、研究时间的影响，在采用的理念和方法上也存在一定差异。这些差异其实也反映了团队研究活动的不断深入。

二、课例赏析

课例1 脚内侧运球

单元计划

课次	教学内容	教学目标	重难点	教法措施
1	1.学习脚内侧运球； 2.游戏：齐心合力	1.通过课堂教学，让全班同学都能正确接触球和运用推压动作自主完成脚内侧运球，80%的学生能用正确方法慢速运球，20%学生能自由多向熟练运球； 2.发展学生的身体协调和运动能力，提高身体素质； 3.发展学生自主学习、主动学习、合作探究能力，培养团队精神和对足球的兴趣	重点：脚的触球部位，球的部位及脚推压球的动作； 难点：推压球时身体的协调用力	1.课前观看微课并进行自主学练，上交推压球和运球视频（发送微视频给教师）； 2.教师根据课前收集到的视频作业，将学生分层分组； 3.制订循序渐进的学练步骤（详见课时计划）； 4.游戏：齐心合力； 5.放松活动：草地冰壶
2	1.学习脚背外侧运球； 2.游戏：穿越火线	1.通过课堂教学，让全班同学都能正确接触球和运用推压动作自主完成脚内侧运球，80%的学生能用正确方法慢速运球，20%学生能自由多向熟练运球； 2.发展学生的身体协调和运动能力，提高身体素质； 3.培养学生主动学习精神和合作探究能力，培养团队精神和对足球的兴趣	重点：脚的触球部位，球的部位及脚推压球的动作； 难点：推压球时身体的协调用力	1.课前观看微课并进行自主学练，上交推压球和运球视频（发送微视频给教师）； 2.教师根据课前收集到的视频作业，将学生分层分组； 3.制订循序渐进的学练步骤（详见课时计划）； 4.游戏：穿越火线； 5.放松活动：草地冰球

续 表

课次	教学内容	教学目标	重难点	教法措施
3	1.复习脚内侧运球、脚背外侧运球； 2.测试：运球绕杆	1.深刻理解技术动作要领，巩固提高脚内侧运球和脚背外侧运球动作质量； 2.让70%学生能较为熟练地运球，30%学生能自由多向熟练运球； 3.全体学生能了解评价标准，积极参与，根据完成情况，找出自己和同学的不足，并做出评价	重点：技术动作的规范性； 难点：充分发挥水平	1.课前观看微课，了解技评标准和评价方法； 2.学生练习； 3.测试(师生共评)

教学分析

1.指导思想

本课贯彻“健康第一”的指导思想，遵循运动技术形成的规律，突出学生的主体地位，同时发挥教师的主导作用。面向全体学生的同时，关注学生个体差异，根据学生微课学习的结果，尽可能地给每个学生创造成功的机会。

2.教材分析

本课是根据人教版《体育与健康》七年级足球教材安排的。本学习内容共安排3课时，本课为第1课时，主要学习脚内侧运球。脚内侧运球是足球运球中的主要技术之一，特点是运球稳定，易于掌控，但速度较慢。通过脚内侧运球技术的学习，提高学生控制和支配足球的能力，为以后的技术学习和终身体育打下良好的基础。

3.设计思路

本节课采用基于微课的翻转课堂的教学方式，是合肥经开区国家级教育信息化课题中小学体育课题组的项目。通过两年应用研究和实践探索，研究团队发现采用翻转课堂对学生进行运动技能教学，可以充分利用信息技术对体育教学的支撑，最大限度地开发学生的自主学习能力，优化课堂结构，缩短讲解时间，提高练习密度。采取分层练习的方式，可以照顾不同学生的特点，让每个学生都获得成功。

4.教学流程

1）学生在家或学校观看教学微课，并拍摄练习短视频发送给授课教师。

2）教师观看学生的学习视频，结合学生的自学情况，分层分组，安排指导学练

（1）分层教学。多种练习方法使学生有兴趣参与学练，满足不同基础、不同目标的个体，也为学生因习得技能而获得满足感提供条件，使每一名学生都成为学习的主人。

（2）循序渐进。教学内容由易到难，由简到繁，逐步深化提高。

（3）小组探究学习。创设自学、自评、自创的学习氛围和环境。

（4）展示交流。引导学生展示，相互学习，促进教学目标的达成

（5）游戏天地。激发学生学习兴趣，玩中学习，玩中成长

5.学情分析

七年级学生正处于身体发育的快速期，身体素质有很大的提升，思想活跃、模仿能力较强。在课堂教学中，教学内容要循序渐进、层层深入，充分挖掘每个学生的潜能，发挥学生的主体作用。翻转课堂正好符合此阶段学生的特点。本次上课的班级男生20人，女生20人，学生活泼好学，团结友爱，纪律性、求知欲强，具备自主探究的学习能力，但足球技术基础较差。从收回的学生练习视频来看，大多数学生通过自主学练掌握了脚内侧运球的动作方法。因此，将学生分成3个层次8个练习小组，1个挑战组，5个提高组，2个基础组，每组5人，采取小组个性化教学。

6. 学练目标

1）通过课堂教学深化和个性化指导，全班同学都能正确接触球的部位和运用推压动作自主完成脚内侧向前运球，80% 同学能慢速绕杆运球，20% 同学能自由多向熟练绕碟运球。

2）发展身体协调和运动能力，提高身体素质。

3）发展学生自主学习、主动学习精神和合作探究能力，培养团队精神和对足球的兴趣。

7. 教学重点和难点

重点：脚与球接触部位和脚的推压动作。

难点：推压运球时脚与身体的协调配合。

8. 安全预防措施

1）做好准备活动，加强脚踝部位的活动。

2）加强课堂组织，强调纪律要求，防止学生用力踢球等。

3）密切观察学生活动时的状态，对不适应的学生及时采取相应措施。

汇聚分析与策略

1. 学练信息汇聚

教师通过平台上传微课供学生下载观看，再通过小视频收集学生练习视频。本课全班 40 名学生，收回 40 件视频。

2. 学练信息分析

1）学生共性问题：脚内侧推压动作中，压的动作不足，出现“踢”球现象，占学生数 60% 左右。

2）能正确掌握运球时脚、球、支撑脚位置的，有 24 名学生，能正确推压运球的有 11 名学生，位置不准确、推压方法不当的有 5 名学生。

3. 学练策略：

1）集中解决共性问题，先做推压动作，再采用推压动作将球“挤出”前方。（注意，球挤出时不超过30cm）

2）按水平进行分组，要求小组长带领队员进行探究性学练。制定由易到难，符合各组学生水平的学练方案，以任务单形式下达任务到每个小组。教师关注一个小组是否进行学练；二基础组的基础练习情况；三提高组的学练情况及提高水平；四挑战组的项目是否满足学生需求；五如何让学生发现问题、探究问题和解决问题。六强化基础练习，确保每个学生都掌握动作方法。

3）通过展示环节，了解学生学练成果，让学生获得成功体验。

课堂教学设计

1. 教学内容：（1）脚内侧运球：向前运球；

（2）游戏：齐心合力。

2. 教学器材：扩音器一套、标志盘若干、分队服若干、足球41个、游戏器材一套。

3. 学练目标：（1）通过课堂教学，全班同学都能掌握正确的触球部位和推压动作，自主完成脚内侧向前运球，80%同学能慢速绕杆运球，20%同学能自由多向熟练绕碟运球；

（2）发展身体协调和运动能力，提高身体素质；

（3）培养学生主动学习精神和合作探究能力，培养团队精神和对足球的兴趣。

4. 重点难点：重点：脚的触球部位，球的部位及脚推压球的动作；

5. 难点：推压球时身体的协调用力。

阶段	课的内容	学练步骤	负荷			要求
			时间（分钟）	距离或次数	强度	
准备部分	一、课堂常规	1.体育委员整队，报告应到实到人数，教师检查服装； 2.师生问好； 3.如有见习生，根据需要安排见习生任务	2	/	/	师生精神饱满
准备部分	二、热身活动 1.慢跑； 2.自由运球：学生依次运球过8个球门，动作不限	1.成一路纵队跑步； 2.学生沿彩碟拼成的图案外沿，逆时针方向跑进	5	150米	中	/
准备部分	二、热身活动 1.慢跑； 2.自由运球：学生依次运球过8个球门，动作不限	3.运球：不限动作，自由穿梭于各三角锥间 	5	10次	中	不能运出彩碟区域，连续不断运球，球控制在自己脚下，避开他人，不得冲撞
主体部分	一、脚内侧运球练习	1.教师根据视频作业分析，讲解共性错误动作，示范动作，组织集中练习： 1)无球推压(左右脚)； 2)有球推压，将球挤出30cm(左右脚)	5	10次	中	自信展示
主体部分	一、脚内侧运球练习	2.教师根据课前收集的视频作业，将学生分层分组，组织学练	/	/	/	/

续 表

阶段	课的内容	学练步骤	负荷			要求
			时间（分钟）	距离或次数	强度	
主体部分	一、脚内侧运球练习	3.学生分组练习，教师巡回察看，确保每位学生掌握动作； 4.分层级挑战 1)结合探究结果，再次练习运球绕碟(全体学生)； 2)加大碟间距，提高运速(提高组、挑战组)； 3)多向绕碟(挑战组)	5 10	10次 3—10次	中 中	
	二、游戏：齐心合力。将一个足球放在托盘上，由5名学生各自拉一根托盘绳齐心合力将足球运至前方8米处的圆圈位置放下，托盘必须在圆圈上方才可以放下球，否则视为无效，途中掉球的，要捡回球重新出发，先运完3个球并5人全部返回起点为胜	学生根据微课，在教师的组织下进行游戏	10	2次	中	相互协作

续 表

阶段	课的内容	学练步骤	负荷			要求
			时间（分钟）	距离或次数	强度	
结束部分	一、放松游戏：草地冰壶。每队5人，依次将自己的足球滚进前方6米处的直径3米的圆圈范围内，足球进圈多者为胜	学生根据观微课，在教师的组织下进行游戏 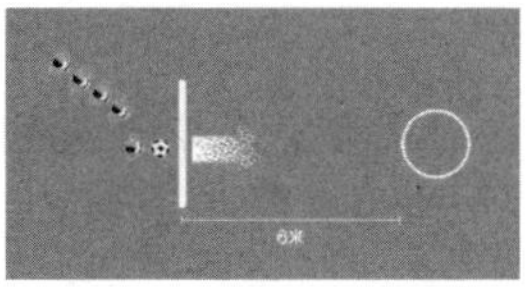	3	1—2次	小	相互协作
	二、课堂小结、师生点评、布置作业。 作业：再次观看脚内侧运球微课并练习，学习脚背外侧运球微课	1.教师和学生一起讨论上课情况，并引出下一课学习内容； 2.教师对作业提出要求：复习本课所学内容，观看下一节课的微课内容并发送练习短视频	1	/	/	认真总结
	三、收器材、下课	值日生收器材	1	/	/	认真整理

续 表

练习密度	心率区间	心率曲线图
60%~70%	84—183次/分	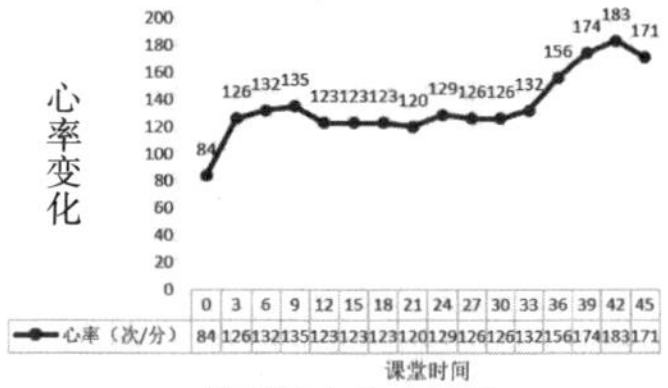 体育课心率曲线图
课后反思	从数据来看，本节课学生运动负荷适中，练习密度较大，符合翻转课堂教学课型对本课的预期 本课有以下特点：1.学生参与积极度高，学练认真，兴趣浓厚；2.学生始终在练习中学练，活动中体验，健身效果明显；3.学生在运动中体验技能，在合作中探究方法；4.较好地营造了学生主动学习的氛围。本课的目标达成 建议：1.讲解与纠错需要更细致；2.学生探究的内容再具体一些；3.女生积极性的调动有待提高；4.放松游戏可加一些动作，加大放松幅度，如：坐姿滚球	

微课二维码

1. 请打开手机微信，用微信扫一扫二维码。
2. 打开视频进行观看。

主要看点	1.指导思想明确:以新课标理念为支撑,发展学生自主学习、个性化学习、合作学习、探究学习能力; 2.翻转课堂结构清晰:教学设计以微课学习、视频汇聚与分析、课堂教学三个模块为支撑; 3.精准分析、优化策略:学生视频反馈自主学练情况,教师根据学生学习情况,因材施教,精准制定课堂教学的策略; 4.合理负荷、提高效率:学生通过微课的自主学练,对动作方法和基本动作能够掌握,大大提高了课堂的效率; 5.激发兴趣、学有所得:以激发学生兴趣为目的,让学生在玩中乐、玩中学
创新之处	1.教学形式创新:精准把握学生微课学习的情况,为课堂教学策略的制定创造前提; 2.突破传统认知:在准备活动部分采用运球游戏的方法,让学生跟着音乐进行自主运球,变化活动范围,逐级提高运球跑动速度,学生在愉悦的状态中完成了“热身”活动; 3.发挥学生主体地位:以学生练习活动为主线,以小组学习为主要形式; 4.满足个性发展:尊重学生个体差异,实施精准指导,让每位学生都得到发展; 5.把握“乐动会”:整堂课体现“学准、学会、学乐、学热”的理念,将“乐”贯穿于学生活动始终; 6. 引领课程方向:教学流程科学,学习任务分配合理,优化了课堂练习时间,从形式和内容上都实现了教与学的创新,不失为一节引领课程方向的基于微课的翻转课堂
思考建议	1.除了反馈练习视频以外,如何驱动学生学习知识性内容,是今后需要解决的问题; 2.小组学习也需要驱动,如何让学生主动合作,发挥团队协作,还需要进一步研究; 3.按照当前体育教学“学练赛”的要求,课的主体部分需要根据足球竞赛的属性,设计“赛”,既为激趣,也是对学和练的升华

课例2　4X50米接力跑

单元计划

课次	课的内容	学习目标	重难点	教与学的主要方法
第一次课	下压式传接棒动作方法	1.通过本次课的学习，使85%的学生初步掌握下压式传接棒的方法，15%的学生与同伴传接棒配合默契； 2.通过本次课的学习，提高学生的奔跑能力； 3.培养学生自主学习、勇于探究的能力以及团队合作、顽强拼搏的精神	重点：下压式传接棒的动作方法； 难点：传接棒的配合与时机	1.学生课前通过微课进行自主学练，能完成原地交接棒； 2.分组进行递进性任务练习； 3.教师巡视纠错，强调重、难点； 4.学生之间互查、互评； 5.学生进行接力跑比赛
第二次课	接力区内站立式起跑动作练习	1.通过本次课的学习，使85%的学生初步掌握接力区内站立式起跑动作； 2.通过本次课的学习，提高学生的奔跑能力； 3.培养学生自主学习、勇于探究的能力以及团队合作、顽强拼搏的精神	重点：接力区内的起跑（站立式）； 难点：起跑及时，接棒手左右摇摆幅度不大	1.学生课前通过微课进行自主学练，初步掌握原地站立式起跑的动作方法； 2.集中展示原地站立式起跑动作； 3.根据学练任务，四人一组，相距15米，练习接力区起跑及传接棒，并呼喊信号； 4.四人一组，完成每段50米的接力考核

续 表

课次	课的内容	学习目标	重难点	教与学的主要方法
第三次课	1.提高改进下压式传接棒技术； 2.了解接力跑的规则； 3.考核	1.通过本次课的学习使90%的学生初步了解接力跑规则，15%的学生初步掌握在接力区内稳、准、快速完成交接棒动作； 2.通过本次课的学习，提高学生的奔跑能力； 3.培养学生自主学习、勇于探究的能力以及团队合作、顽强拼搏的精神	重点：接力跑规则 难点：在接力区内稳、准、快地完成交接棒动作	1.学生课前通过微课进行自主学练，初步了解接力跑的规则，以及接力区内传接棒的动作方法； 2.复习上节课的内容； 3.分四组进行自主学练； 4.教师集体纠错，强调重、难点； 5.进行传接棒的接力教学比赛； 6.四人一组，完成每段50米的接力考核

教学分析

1.指导思想

本课坚持以“健康第一”思想为指导，以全面发展和提高学生素质为宗旨，体现新课程理念下教师为主导、学生为主体的教学模式。以任务驱动方式开展小组探究性学习，培养学生自主学习、合作学习和探究的能力，以问题为导向，让学生发现问题，合作解决问题，帮助学生在充分运动中享受体育的乐趣，为构建终生体育奠定基础。

2.教材分析

接力跑是几个人相互配合，密切协作，分别跑完各种规定距离的集体项目，也是田径运动中唯一的一项集体性竞赛项目，深受学生喜爱。接力跑和快速跑的技术基本相同，不同的是接力跑有传接棒技术，要求各棒队员之间协调配合，保证在快速跑动中完成传接棒。所以，接力跑既可以发展速度素质和协调性，又可以培养团结协作的集体主义精神。

3.学情分析

本课教学对象为小学五年级学生，他们在三年级已经学习过50米快速跑和迎面接力跑技术，具备了一定的奔跑能力，也有一定的团队合作基础。五年级的学生正处于青春期初始阶段，好动，喜欢竞争，更喜欢合作性的接力比赛项目。本阶段学生注意力不集中，但又具有较强的创造力和自学能力，采用传统的灌输式教学已不能适应本学段学生的心理特点，而具有一定成就感的任务式教学更能激发学生的学习兴趣和参与热情。针对这一特点，本课采用了启发、探究、竞赛等教学手段，让学生把练习与比赛结合起来，给学生提供认识所学知识以及应用所学动作的机会，从而增强教学效果。在比赛过程中充分发挥学生的创造力，培养他们团结合作，克服困难的能力。

4.教学目标

1）通过本单元的学习，使学生能够掌握下压式传接棒的动作方法，并且能在快速跑动中进行传接棒；

2）发展学生身体素质，提高学生的快速奔跑能力；

3）培养学生自主学习、勇于探究的能力以及团队合作、顽强拼搏的精神，在分组活动中能友好地和同伴相处，乐于互帮互助，共同提高。

5.教学重难点

重点：下压式传接棒的动作方法

难点：传、接棒的时机与配合

6.教学方法

1）自主学习。通过课前在家观看微课，自主练习；课上根据任务要求进行分组合作学习，让学生在自主学习和合作学习中掌握交接棒的基本方法；

2）小组合作学习。设置小组任务和个体任务双重任务的目标，促进学生合作，以问题为导向，提供多种学练形式让学生在学习过程中发现问题、相互帮助、相互改进，进而提高学生通过合作来解决问题的能力，创造良好的合作学习氛围。

7.教学流程

1）微课学习。老师将制作的微课发到班级QQ群里，学生利用手机或电脑观看微课，并进行自主学练，在家长的帮助下每位学生拍摄20秒内的学练视频发送到授课教师的邮箱或班级QQ群内；

2）视频分析。教师观看学生发回的学习视频，结合学生的自学情况，制定课堂教学策略；

3）课堂教学。以小组学习为主要形式，给每位学生和每个小组下达小组学习任务和目标，提出任务的数量要求和质量要求，促使学生在个体任务完成的前提下实现小组任务的完成。

8.安全防范

1）课前检查场地是否平整，了解学生身体状况；

2）老师组织学生做好充分的准备活动；

3）老师向学生强调传接棒过程中异侧臂错肩交接，以免发生冲撞；

4）要求交完棒的同学站在原地不得随意走动，以免发生碰撞；

5）课后询问学生身体反应，及时调整强度；

6）做好器材的摆放与管理工作。

教学设计

课序	内容	教师活动	学生活动	组织与要求	次数	时间（分钟）	强度
开始部分	课堂常规 1.集合整队； 2.师生问好、检查服装； 3.宣布本课学习内容及要求； 4.安排见习生	1.问好 2.宣布本课学习内容、目标及要求； 3.安排见习生	1.认真听老师讲解本节课学习内容及要求； 2.见习生听从老师统一指挥	组织：（一） 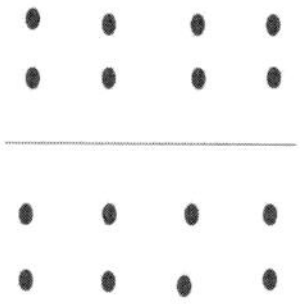 要求： 1.快、静、齐； 2.精神饱满； 3.集中思想	1	2	
准备部分	热身活动 1.热身游戏：开火车收红薯 方法：根据音乐提示先进行异侧臂搭肩开火车，然后进行收红薯的活动； 2.活动各关节	1.教师组织学生做热身活动； 2.教师注意观察，随时提醒学生注意避让，以防碰撞	1.学生遵守规则进行热身游戏； 2.全体参与，跑动积极	组织（二） （散点）  要求： 1.跑动积极 2.注意安全	1	6	小
主体部分	任务一：原地 方法：四人一组传接练习 口令：“准备—接”	教师将学生分组，在小组长的带领下进行任务单的练习	学生分成8个小组，在小组长的带领下对照任务单练习，着重检查传接配合	任务单练习队形（三） 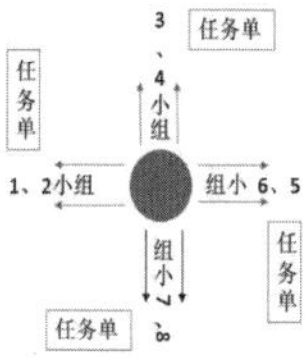	2	10	小

续 表

课序	内容	教师活动	学生活动	组织与要求	次数	时间（分钟）	强度
主体部分	任务二:移动 方法:与同伴合作练习走动中交接棒,注意异侧臂交接	巡回指导,引导学生对问题积极讨论,针对性指导纠错	传棒同学判断传棒时机、注意错肩传棒。接棒同学注意听信号判断接棒时机	要求: 1.听小组长统一指挥; 2.组内人员相互纠错及时解决	2	10	小
	任务三:慢跑 方法:与同伴合作练习慢跑中交接棒,注意跑动间距	鼓励各组合作探究,层层递进练习	小组内积极讨论怎样减少交接棒时的停顿现象	要求: 1.听小组长统一指挥; 2.组内人员相互纠错及时解决	2	12	中
	任务四:快跑 方法:两人或四人一组,进行快跑交接拓展练习	引导学生进阶练习	互帮互助,改进动作,提高质量	挑战赛 组织队形(四) 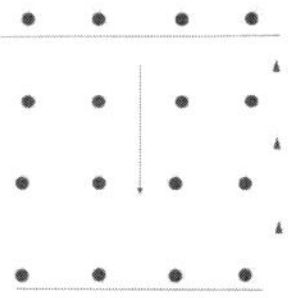	2	12	中
	小组联盟赛 方法:在规定场地内,四个小组进行联盟接力赛	鼓励学生拓展练习,引导学生评价	合作探究,积极拓展	要求: 1.积极参与; 2.注意避让; 3.顽强拼搏	1	6	高

续 表

<table>
<tr><th>课序</th><th>内容</th><th>教师活动</th><th>学生活动</th><th>组织与要求</th><th>次数</th><th>时间（分钟）</th><th>强度</th></tr>
<tr><td>结束部分</td><td>1.原地拉伸放松；
2.师生共同总结评价本课；
3.宣布下课,收拾器材,师生再见</td><td>1.教师指导学生放松；
2.小结，并引导学生互评；
3.与学生再见，安排学生回收器材</td><td>1.学生跟教师做放松活动；
2.学生互评,体验成功的快乐；
3.与老师再见，值日生回收器材；</td><td>组织：所在人在练习场地原地坐下；
要求：充分放松,积极互评</td><td>/</td><td>4</td><td>小</td></tr>
<tr><td>课后作业</td><td colspan="7">1.回家后观看微课,进行自主学练；
2.拍一段20秒内的动作视频发给老师</td></tr>
<tr><td>场地布置</td><td colspan="2">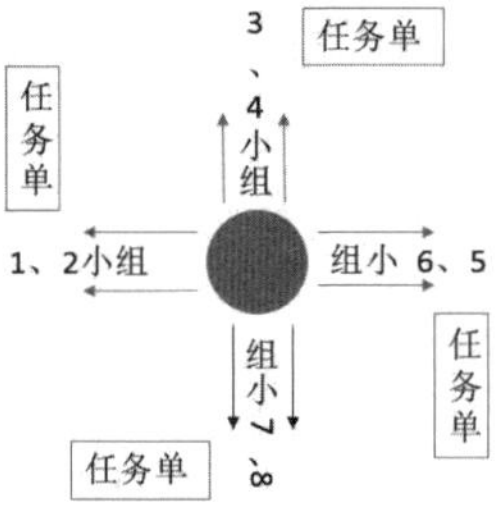
</td><td colspan="2">器 材</td><td colspan="3">1.标志盘32个
2.接力棒8个
3.展板4个
4.塑料桶4个
5.音响一套
6.哨子一个</td></tr>
<tr><td>有效练习密度</td><td colspan="2">70%</td><td colspan="2">心率曲线</td><td colspan="3">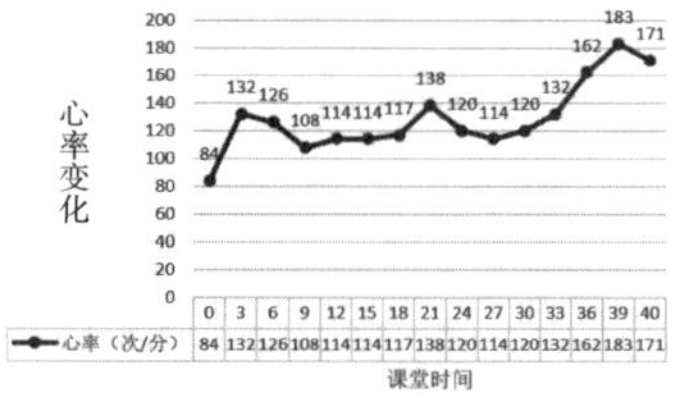

体育课心率曲线图</td></tr>
</table>

续 表

课后反思	整个教学过程都在游戏和比赛中进行，让学生在玩中学，玩中练，玩中育，由传统的“教师教，学生学”变为“学生乐于主动学，自主学，教师辅导”的探究式学习方式。采用分组教学，发挥小团体的作用，让学生在学习过程中发现问题后，相互帮助、相互改进，进而提高学生通过合作来解决问题的能力，创造良好的合作学习氛围，让学生充分发挥团结协作精神。整个课堂对接力区的解释不够透，学生理解不够到位，在接力赛中，个别学生还站在原地接棒，特别是在高度紧张的接力游戏练习中，虽然在交棒时会放出“给”的信号，但学生由于紧张对传接棒的时机把握不准，导致有不少学生掉棒，下次课上会详细讲解接力区，更加关注学生之间的配合

微课二维码

1. 请打开手机微信，用微信扫一扫二维码。

2. 打开视频进行观看。

课例评析

主要看点	1.指导思想明确:以新课标理念为支撑,发展学生自主学习、个性化学习、合作学习、探究学习能力; 2.翻转课堂结构清晰:教学设计以微课学习、课前学习反馈、课堂教学三个活动模块为支撑; 3.合理负荷、提高效率:学生通过微课的自主学练,对动作方法和基本动作能够掌握,课堂以练为主,简化了讲解和示范过程,大大提高了课堂的效率; 4.激发兴趣、学有所得:在准备活动和练习部分、比赛部分以激发学生兴趣为目的,让学生在玩中乐、玩中学
创新之处	1.教学形式创新:在课前让学生通过微课进行学习,并且把学习情况反馈给老师,让老师更好地掌握学情,在设计课堂教学内容时更有针对性; 2.游戏激趣:在准备活动部分采用游戏的方法,让学生跟着音乐进行跑动,变化活动范围,同时进行翻标志盘比赛,在愉悦的状态下完成热身活动; 3.目标引领教学内容:本节课除了总的学习目标以外,在每个练习环节也设置了三级目标,分别是基础级、提高级、挑战级,每个学生可根据个人能力选择完成相应的目标,更好地体现了分层教学原则; 4.任务驱动:学生在教师的帮助下,紧紧围绕一个共同的中心任务,在强烈的问题动机的驱动下,通过对学习资源的主动应用,进行自主探索和互动协作的学习; 5.引领课程方向:教学流程科学,学习任务分配合理,优化了课堂练习时间,从形式和内容上都实现了教与学的创新,不失为一节引领课程方向的基于微课的翻转课堂
思考建议	1.还需要进一步思考每个任务中三级目标的设定怎样才能更科学合理,且容易操作; 2.通过学习,学生传接棒技术掌握较好,但是对接力区这个知识比较陌生,接力区的讲解可以在微课中详细介绍; 3.本节课充分体现了“学—练—赛”的教学模式,如果能合理地运用跑道,效果可能会更好

课例3 撩拳收抱

单元计划

课次	课的内容	学习目标	重难点	教与学的主要方法
第一次课	1.三种基本手型(拳、掌、勾) 2.四种基本步型(弓、马、虚) 3.武术自编操	1.培养学生积极参与的学习态度,体验武术运动的乐趣; 2.能够掌握三种手型和三种步型的正确动作,学会正确的冲拳、推掌; 3.培养学生积极主动的学习习惯及终身体育的意识	重点:手型、步法规范、准确 难点:步型到位,精神饱满	教法: 1.利用微课课前学习; 2.讲解示范法; 3.自评与互评相结合。 学法: 1.尝试模仿练习; 2.小组合作学习; 3.小组比赛练习
第二次课	少年拳第一套1—4式动作 a.震脚架打 b.蹬踢架打 c.垫步弹踢 d.马步横打	1.多数学生能初步掌握少年拳一套1—4的动作要领; 2.发展学生柔韧、协调、力量等身体素质; 3.培养学生团结互助的集体主义精神	重点:震脚要直立下沉,弹踢要有力,上体平稳,马步到位 难点:动作到位、有力,协调连贯,手、眼一致	教法: 1.作业反馈总结; 2.讲解示范法; 3.渐进教学法。 学法: 1.分组练习少年拳1—4; 2.两人一组相互观察模仿、互评、互助; 3.自我展示
第三次课	少年拳第一套5—7式动作 a.弓步撩掌 b.虚步架打 c.跳步推掌	1.提高学生练习武术的热情和积极性; 2.掌握少年拳一套5—7式的动作要领; 3.培养学生合作探究的意识,提高学生适应环境的能力	重点:弓步、虚步要规范、到位;重心稳定 难点:动作到位、有力,协调连贯,手、眼一致	教法: 1.演示法:学生表演; 2.讲解示范法; 3.正误对比法。 学法: 1.分组练习; 2.小组比赛; 3.小组合作创编武术造型

续 表

课次	课的内容	学习目标	重难点	教与学的主要方法
第四次课	少年拳第一套第八式动作——撩拳收抱	1. 提高学生练习武术的热情和积极性; 2. 掌握少年拳一套第八式的动作要领,并能运用; 3. 培养学生合作探究的意识,提高学生适应环境的能力	重点:重心稳定;用力顺序正确,力达拳背 难点:动作到位、有力,协调连贯,手、眼一致	教法: 1. 及时引导评价,参与其中; 2. 利用比赛法调动学生学习的积极性。 学法: 1. 学生自主练习撩拳收抱动作; 2. 互相交流共同提高; 3. 进行“擂台争霸赛”; 4. 组内成员相互评价。
第五次课	1. 少年拳完整套路演练 2. 教学考评课	了解学生学习掌握情况	/	组织考评,结果评价与过程评价相结合
安全防范		1. 做好充分的准备活动; 2. 合理安排练习队形,加强学生学练安全意识; 3. 注意场地器材布置,避免受伤; 4. 做好器材的摆放与管理工作		
评价标准		优秀:功架清楚,动作方位、路线正确,协调连贯,劲力顺达、节奏鲜明、手眼协调配合,攻防意识明显 良好:功架清楚,动作方位、路线正确,协调连贯,体现力度,眼神能配合 合格:功架清楚,路线明确,动作基本连贯 继续努力:动作不熟练		

教学分析

1. 指导思想

坚持“健康第一”的指导思想，贯彻落实“以学生发展为中心，重视学生的主体地位”的基本理念，巧妙地运用自主、合作、探究学习的学习方式，让学生学会学习、学会相互帮助，共同进步。

武术是一种民族体育项目，很有观赏性，因此极为吸引小学生，容易激起他们的好奇心和兴趣。武术弘扬的是武德教育，学生通过学习武术得到武术文化——“尚武崇德”的熏陶。把兴趣的培养放在教学的首位，为学习少年拳奠定基础。同时，通过对少年拳（第一套）的学习，学生发展身体的柔韧性、灵活性和协调性，培养武术兴趣，培养坚持锻炼身体的精神。

2. 教材分析

武术被称为“国术”，是民族传统项目之一，也是小学“体育与健康”课程的教学内容。少年拳（第一套）作为六年级（水平三）的基础教学内容，简单、有较强观赏性，符合小学生的学习水平。

学生通过学习简单的手型、步型组合，培养学习武术的兴趣，提高参与意识，逐步达到动作有力、节奏分明、动静结合、形神兼备的程度。

3. 学情分析

授课对象为六年级学生，其中男生16人，女生20人，男女生比例相当。学生整体表现为比较好动、好奇心强、模仿能力强，整个班级的学习气氛比较浓厚。因为学生的运动参与能力、性格爱好都有很大的差异，因此还需要因材施教。武术的一些动作带有模仿性、表演性，很能激起学生的学习兴趣，这点必须好好掌握并利用。

本次课是武术学习的新授课，学生在五年级已经掌握武术基本功的要领，且具有较强的创造力和自学能力，采用传统的灌输式教学已不能适应本学段学生的心理特点，而具有一定成就感的任务式教学更能激发学生的学习兴趣和参与热情。针对这一特点，本课采用了启发、探究、竞赛等教学手段，让学生把练习与比赛结合起来，给学生提供认识所学知识以及应用所学动作的机会，从而增强教学效果。

4. 教学目标

1）学生能够对武术产生较强的练习兴趣，体验到练习的乐趣与成就感

2）学生能够掌握武术中的三种基本手型（拳、掌、勾），三种基本步型（弓、马、虚），能正确且较为熟练地完成少年拳（第一套）的完整套路，了解武术的基本比赛形式；

3）学习并提高身体的柔韧性、协调性和反应速度，培养自身的身体姿态和精神面貌；

4）培养并逐步提高学生欣赏和评价武术动作的能力，引导学生体验付出努力和辛劳后获得成功的快乐，培养学生敢于展示、积极表现、互帮互助、团结协作的情感和精神。

5. 教学重难点

重点：动作规范，路径正确

难点：武术演练显示出精气神

6. 教学方法

1）以学生为主体，发挥学生的发散性思维，通过课前观看微课，自主练习。课上根据任务要求进行分组合作学习，让学生在自主学习和合作学习中掌握撩拳的基本方法；

2）以小组任务和个体任务促进学生团队合作，以问题为导向，提供多种学练形式让学生在学习过程中发现问题、相互帮助、相互改进，进而提高学生通过合作来解决问题的能力，创造良好的合作学习氛围。

7. 教学流程

1）微课学习。老师将制作的微课发到班级QQ群里，学生利用手

机或电脑观看微课，并进行自主学练，在家长的帮助下每位学生拍摄10秒内的视频发送到授课教师的邮箱或班级QQ群内；

2）视频分析。教师观看学生发回的学习视频，结合学生的自学情况，设计课堂教学策略；

3）课堂教学。以小组学习为主要形式，给每位学生和每个小组下达小组学习任务和目标，提出任务的数量要求和质量要求，促使学生在个体任务完成的前提下实现小组任务的完成。

8.安全防范

1）课前检查场地是否平整，了解学生身体状况；

2）老师组织学生做好充分的准备活动；

3）课后询问学生身体反应，及时调整强度；

4）做好器材的摆放与管理工作。

教学设计

课序	课的内容	教师活动	学生活动	组织与要求	运动负荷		
					次数	时间（分钟）	强度
准备部分	一、课堂常规 1.集合整队； 2.师生问好、检查服装； 3.宣布本课学习内容及要求； 4.安排见习生	1.问好； 2.宣布本课学习内容、目标及要求； 3.安排见习生	1.回应老师； 2.认真听老师讲解本节课学习内容及要求； 3.见习生听从老师统一指挥	组织：(一) ________ ________ ________ ________ 要求：精神饱满，集中思想	1	1	低

续 表

课序	课的内容	教师活动	学生活动	组织与要求	运动负荷		
					次数	时间（分钟）	强度
准备部分	二、热身活动 1. 根据情境做出不同的肢体动作； 2. 游戏：123 木头人	1. 教师带领学生一起跟随音乐做热身； 2. 引导学生展示象形动作	1. 跟随音乐，变化不同的动作； 2. 听口令摆造型	要求：积极投入，活动身心	1	6	低
主体部分	一、复习少年拳1—7式	积极指导，及时纠错	认真练习		2	6	低
	二、撩拳收抱 1. 撩拳动作学习； 2. 少年拳完整演练	1. 提示学生看任务； 2. 巡回指导、个别纠错 ①组织学生练习 ②启发学生发力的方式，强调手眼配合； 3. 安排学生分组展示“撩拳收抱”动作； 4. 组织学生点评展示效果	1. 按任务单逐项练习； 2. 相互学习、合作： ①撩拳收抱动作路径正确； ②动作准确到位； ③出手有力，眼随手动； ④攻防含义的探究。 3. 分组展示“撩拳收抱”动作； 4. 积极点评小组动作质量，再次演练	组织（二） X　　X X X　　X 要求：互相学习，共同进步	3	10	高

续 表

课序	课的内容	教师活动	学生活动	组织与要求	运动负荷		
					次数	时间（分钟）	强度
结束部分	1.放松活动； 2.收拾器材	1. 组织学生放松，关注学生身体状况； 2. 组织学生收拾器材	1. 做好放松活动； 2. 收好体育器材	要求：认真总结	/	/	低
有效练习密度	58.2%	心率曲线	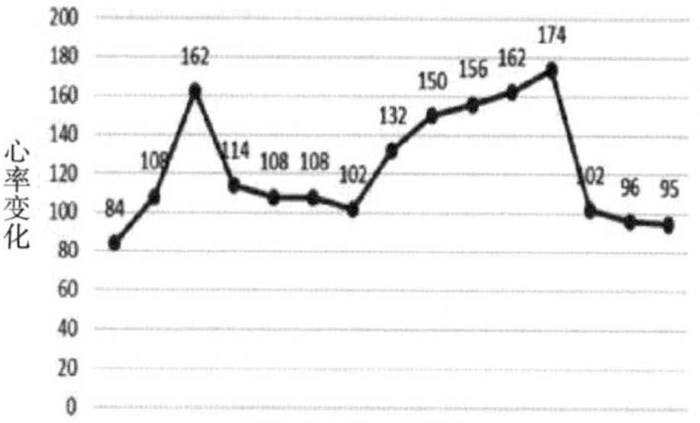 体育课心率曲线图				
教学反思	整个教学过程由传统的“教师教，学生学”变为“学生乐于主动学、自主学，教师辅导”的探究式学习方式。采用分组教学，发挥小团体的作用，改变了传统的武术教学模式。让学生在学习过程中发现问题后，相互帮助、相互改进，进而提高学生通过合作来解决问题的能力，创造良好的合作学习氛围 一节课下来，学生对动作路线与力度掌握得较好，但是整套动作演练时，手眼的配合还不够精准，“精气神”的体现稍显不足，后期需要更加关注提升学生“精气神”的表现力						

微课二维码

1. 请打开手机微信，用微信扫一扫二维码。

2. 打开视频进行观看。

第三节　智慧课堂典型课例

一、课例概述

智慧课堂是在翻转课堂的基础上更加智能化的课堂教学形式。体育智慧课堂一种是在教室里进行体育与健康基础知识的教学，另一种是运动场上的体育与健康动作技能的教学。两种智慧课堂由于场所不同、传授方式不同存在很大的区别，但也有共同的地方，那就是应用信息技术手段，教师智慧地教、学生智慧地学，实现教学方式和学习方式的根本转变。

本节遴选了基础知识教学和动作技能教学的智慧课堂课例。这些课程的显著特点是运用信息技术手段，融入新课程理念，将创新、创造作为课程建构的基准点，以“学、练、赛”为课程主线，实现“乐、动、会”的课程要求。

基础知识智慧课堂充分发挥电子书包、白板的竞赛、评分、抢答、拍照的交互功能，体现学生的主体作用。“安全运动促健康”课程把问题直接抛给学生，通过观察、研讨、举证、分析、质疑等方法，充分激发学生的思维活动，课堂气氛活跃、轻松；“预防传染病”一课以活动为主线，通过活动让学生理解、体验、思考和运用；“用眼卫生”则以特殊人物用眼为线索，让学生诊断、分析、讨论、应用，将用眼卫生知识应用到实际，学生的主体地位进一步得到体现。

动作技能教学的智慧课堂为武术课，采用“为教而学”两段学习的方法。第一段是借助微视频展开自主学练，每人都承担着既要学会一个动作，还要教会别人的任务；第二段是小组内互教互学，小组承担每个人都要学会，且以小组进行展示比赛的任务。学生在愉悦的环境中运动，合理的运动负荷弥补了常态武术课的不足。

二、课例赏析

（一）体育与健康基础知识智慧课堂

课例1　安全运动促健康

指导思想

本课以“健康第一”为指导思想，以全面促进学生身心健康发展为目标，以学生为主体，实现了“自主、合作、探究”。重视课堂实践活动，与学生的学习、生活联系起来。从快乐、安全角度出发，让学生明白运动中自我保护的重要性，了解体育活动中存在的隐患和造成身体受伤的原因，教育并督促学生养成良好的运动习惯，及时纠正不合理的运动方式。通过此活动，进一步培养学生良好的运动习惯，促进学生身体健康。

学情分析

学生共46人，其中男生25人，女生21人，男生表现为好奇心强，学习欲望强烈，女生的想象力更丰富，善于发现和表达，在体育活动中都表现出独特的个性。大多数学生仍不够了解体育运动中的注意事项，往往因为运动方式不当和不良的运动习惯，导致身体受伤。因此十分需要教育并督促学生养成良好的体育运动习惯，避免不必要的运动伤害。本次课采用24人的小班教学。

教材分析

不合理的运动方式、不良的运动习惯等，导致运动损伤会给生活学习带来不便。因此，培养正确的运动方式和良好的运动习惯，对促进身体健康十分重要。安全运动促健康属于体育与健康基础知识内容范畴，教材从学生了解运动中的安全隐患，正确的运动方式、合理的使用器材和场地，以及运动前后的卫生习惯等方面给予详细指导。

教学目标

1. 认知目标：了解不合理的运动方法对身体造成的伤害，知道安全地进行运动，才能促进身体健康，85%以上的同学能举例说出不安全的运动行为；

2. 技能目标：知道运动中存在的安全隐患，掌握运动中哪些行为是不安全的，遵守安全运动的基本方法；

3. 情感目标：通过不同的体验活动，乐于参加体育活动，增强安全意识，培养自我保护的意识，促进身体健康。

教学重点

了解运动的好处和运动中的安全隐患

教学难点

运动中不安全行为的举例阐述

单元教学安排

本课为水平二体育与健康基础知识教学内容，“安全运动促健康”共2课时，第一课时主要是“运动的好处和运动中的隐患”；第二课时是“如何解决运动安全隐患和在生活中的应用”。本课为第一课时。

教学设计

课的环节	老师活动	学生活动	预计达成目标
一、课堂常规	1.目视全体学生,上课! 2.向学生问好,请学生坐下	1.准备好上课所需的物品; 2.全体起立,向老师问好! 3.坐下	1.上课物品准备; 2.师生关系融洽,以饱满的热情投入学习中去
二、提问导入(3分钟)	1.语言导入,用大数据统计学生喜爱的运动; 2.师:你喜欢什么样的运动呢?将你喜欢的运动填在平板电脑的问卷上; 3.通过大数据,展示最受喜爱的前三名; 4.板书课题	1.用平板填写最喜欢的运动; 2.数据上传,共同查看大数据的统计; 3.说出哪些运动最受同学们的欢迎	通过电子书包数据的即时统计,现场可以反馈出学生的观点,让老师更好地掌握学情

续 表

课的环节		老师活动	学生活动	预计达成目标
三、运动的好处（7分钟）		1.用希沃白板出示课题； （导入语：你们认为运动能给我们带来哪些好处？选出（三个）你组认为最重要的好处） 2.组织学生小组讨论，并将结果上传； 3.教师将各小组的选择用屏幕展示并与学生共同探讨； （导语：同学们阐述的理由都很充分，老师这里也总结了很多的运动的好处，请每组派一名同学，将你们组认为的运动的好处找到，然后贴在黑板上） （提示：可以补充，也可以调换组间的顺序） （导语：运动的好处有很多，也非常的重要，所以经常锻炼是非常有必要的）	1.认真观看课件的播放； 2.各小组根据老师分享的课件，进行小组讨论，共同商讨出小组的最终结果并提交； 3.认真观看各小组提交的数据，与老师共同探讨运动的好处有哪些； 4.每小组选一人将自己组的观点贴在黑板上	1.通过小组讨论，结合自己的例子，对运动的好处有了更深刻的认识； 2.通过粘贴运动好处的关键词，巩固知识点，知道每一个运动的好处都是非常重要的； 3.认识到锻炼的必要性，以积极的姿态投入到后面的学习中
四、安全隐患	视频导入（5分钟）	（导语：小沐同学也和大家一样，也非常爱运动，但是他在运动中总是会受伤，你能帮助小沐同学找找他的哪些运动行为是不安全的吗？让我们一起来看看吧） 1.播放视频，提示学生找找不安全运动的个数； （导语：你们找到了几处不安全的行为？） 2.师生共同探讨，再次播放视频，核对答案； 3.抛出问题：运动中还有哪些安全隐患我们需要注意？	1.认真观看视频，找一找视频中不安全的行为； 2.小组讨论，积极参与回答； 3.再次观看视频，确定找到的是否正确； 4.回答老师提出的问题	通过观看视频，直观地感受运动中哪些行为是安全隐患

续　表

课的环节		老师活动	学生活动	预计达成目标
四、安全隐患	小组探究（12分钟）	1教师组织学生结合平时的课堂讨论运动中需要注意的地方； 2.教师巡回，倾听各小组的观点； （提示：需要结合自己的例子说一说） 3.组织各小组进行观点分享，共同学习运动中需要注意的事项 （导语：同学们关于安全隐患方面了解得都很多，表达得也很全面，接下来请同学们思考，并从运动前、运动中、运动后三个方面讨论运动安全隐患，每一个方面提出1—2个容易出现的安全隐患） 4.组织学生进行讨论与书写，拍照上传数据； 5.共同观看各小组提交的数据，并提示学生倾听其他组的观点	1.根据老师提出的问题，组长组织大家进行组内讨论和分享； 2.认真倾听其他小组的观点，积极参与到探讨中； 3.组内讨论并填写提交“运动安全隐患”表格； 4.共同观看各小组提交的表格，并积极表达自己的观点	1.可以结合自己的例子说说运动中的不安全行为； 2.通过探讨，共同找出运动前、中、后容易出现的安全隐患，更深刻地认识到运动隐患随处可见；
	归纳分类（5分钟）	（导语：老师这里也列举了很多不同类型的运动安全隐患事件，现在请同学们边思考边分类） 1.（课件推送）完成后提示学生及时提交； 2.比一比谁最先完成，并回答正确； 3.总结	1.根据课件推送提交答案； 2.与教师共同总结分类	1.明确运动安全隐患的类型； 2.知识迁移

续　表

<table>
<tr><th colspan="2">课的环节</th><th>老师活动</th><th>学生活动</th><th>预计达成目标</th></tr>
<tr><td>四、安全隐患</td><td>拓展游戏（5分钟）</td><td>（导语：通过了我们的讨论、分类，相信同学们已经对运动中出现的隐患都比较了解了，接下来同学们来做“安全知识大挑战”，比一比谁掌握的安全隐患最多，你们准备好了吗？）
1.老师推送游戏；
2.鼓励学生进行比赛</td><td>积极参与游戏，注意游戏规则</td><td>巩固知识</td></tr>
<tr><td rowspan="2">五、课后小结</td><td>总结（1分钟）</td><td>总结：生命在与运动，坚持体育活动，不仅可以增进健康，而且可以预防疾病。运动中每一个安全的小事件，如果放大了，都会让我们受到伤害，养成良好的锻炼习惯，科学安全地运动才能促进我们健康成长！</td><td>共同总结本节课的主要内容</td><td>/</td></tr>
<tr><td>课后作业（2分钟）</td><td>思考运动中有哪些好办法可以有效地解决运动安全隐患，并完成“运动安全小贴士”任务单</td><td>1.认真听讲，明确课后作业，知道下次课的内容；
2.起立敬礼！</td><td>常规教育</td></tr>
<tr><td colspan="2">教学反思</td><td colspan="3">本次课将希沃白板和智慧课堂有机结合，通过智慧课堂的数据统计和互动功能，充分发挥了学生的主体性，激发了学生学习的积极性，也体现了信息技术对课堂的支撑作用。但是本节课教师在与学生进行沟通交流时并没有很好地掌握学生的学情，在学生表达观点时不能很快地找到学生的位置。与学生互动时应面对学生，给予一定的肯定，语气要更为亲切自然</td></tr>
</table>

微课二维码

1. 请打开手机微信，用微信扫一扫二维码。

2. 打开视频进行观看。

课例2　用眼卫生

指导思想

本课以全面促进学生身心健康发展为目标，以学生为主体，实现“自主、合作、探究”活动，重视课堂实践活动，与学生的学习、生活联系一体。让学生明白保护眼睛的重要性，了解近视的危害和造成近视的原因，教育并督促学生养成良好的用眼卫生习惯，及时纠正不正确的读、写姿势。通过此活动，进一步做好保护眼睛，预防近视的工作，让学生形成良好的用眼习惯。

教材分析

用眼卫生属于全日制义务教育小学体育（1～6年级）课程标准“水平二”身体健康学习领域中的内容之一，本教材系体育与健康基础知识内容。眼睛是心灵的窗户，如果视力不好、会给生活学习带来不便。因此，养成正确的读写姿势和良好的用眼卫生习惯，对保护视力十分重要。教材从学生看电视用眼卫生、使用电脑用眼卫生，以及正确的读写姿势等给学生详细指导。

学情分析

据相关研究证实，孩子一般在9岁左右视力会发育完全，达到2.0。可是现在的孩子视力还没发育完就开始减退。一些孩子在六七岁的时候就开始近视了。小学三年级正是视力发展的关键时期，也是用眼卫生行为形成时期。大多数学生已经开始用电脑和手机等带有显示屏的电子产品，学生用眼的时间会有所加长，若没有一个良好的保护眼睛和放松眼睛的方法，那么这些学生很容易患近视，甚至高度近视。本课所授班级学生共24名（小班制），视力基础情况较好，行为养成习惯正逐步形成，学生家庭教育基础较好。教学中采取课堂姿态矫正，家庭生活、学习应用相结合的办法，力求取得综合教育效果。

教学目标

1. 认知目标：了解不良习惯对眼睛造成的伤害，感受眼睛的重要作用。

2. 技能目标：学习正确的用眼常识，掌握预防近视的方法。

3. 情感目标：通过不同的体验活动，增强预防意识，培养学生爱护眼睛的意识，学会爱护自己的眼睛。

教学重点

认识到保护眼睛的重要性，学习正确的用眼常识。

教学难点

养成正确的读写姿势和良好的用眼习惯。

教学流程

1.（大眼萌说烦恼）：教师播放大眼萌患上近视后的烦恼。

2.（大眼萌齐探讨）：教师播放小视频引导学生找出患上近视的原因。

3.（大眼萌来支招）：

1）教师引导学生探讨正确的读书写字姿势；

2）教师组织学生进行游戏；

3）教师带领大家一起演唱“保护眼儿歌”。

4.（大眼萌习惯好）：教师布置课后作业。

单元教学安排

本课为水平二阶段三年级体育与健康基础知识教学内容，本类型共三个教学内容，共分8课时教学，用眼卫生课为2课时，第一课时主要是用眼卫生知识与技能方法；第二课时主要侧重于生活应用和课堂及社会实践。本课为第一课时。

教学设计

课的环节	老师活动	学生活动	预计达成目标
课堂常规	1.提醒：目视全体学生，上课！ 2.向学生问好，请学生坐下	1准备好上课所需的物品； 2.全体起立，向老师问好 3.坐下	1.上课物品准备； 2.师生以饱满热情投入学习中

续表

课的环节	老师活动	学生活动	预计达成目标
一、导入(3分钟)	1.教师播放卡通音频:同学们,今天课堂上来了一位新朋友,你们猜猜他是谁? 2.接下来我们一起看看大眼萌的烦恼吧,谁来说一说视频里的大眼萌有什么烦恼啊?	1.认真观看小视频; 2.举手回答老师的提问	1.通过大眼萌出场音频吸引学生注意力; 2.学生了解大眼萌的烦恼,引出本节课题; 3.对接下来的学习有期待
二、患上近视后的烦恼(3分钟)	师:接下来小组讨论一分钟找一找近视给我们的生活带来了哪些不便; 总结:原来眼睛不好有那么多的不方便,看来保护眼睛真的很重要	观积极发言,回答老师提出的问题	1.通过小组探讨出近视后的不方便; 2.认识到保护眼睛健康的重要性,以积极的姿态投入后面的学习中
三、患上近视的原因(5分钟)	1.教师播放卡通音频:到底是什么原因导致“我”的烦恼呢?请同学们帮“我”找找原因吧; 2.教师播放“大眼萌的一天”; 3.教师发布试题“大眼萌患上近视的原因”给学生答题并分析	1.认真观看“大眼萌的一天”; 2.学生利用平板答题上传给教师	1.通过观看卡通小视频,贴合学生心理发展特点,提高学生学习积极性; 2.利用平板答题,巩固知识
四、用眼卫生的方法 保护眼睛的三点重要方法(4分钟)	导语:哦,我明白了,原来这些行为会让我的眼睛受到伤害呀,大家快来帮我支支招吧。 师:同学们,你们想不想帮助大眼萌啊,请小组内讨论,将你们认为保护眼睛最重要的三种方法用笔写下来	1.小组成员写出自己认为保护眼睛的三个重要方法; 2.与小组成员一起讨论,达成本小组共识	1.通过记录自身观点加深学习效果; 2.小组间讨论,达成本组共识,探讨出更多保护眼睛的方法; 3.自主合作探究

续 表

课的环节		老师活动	学生活动	预计达成目标
四、用眼卫生的方法	小组汇报保护眼睛的方法(4分钟)	1.教师组织各小组代表汇报本小组讨论结果; 2.根据学生的回答,引导学生自主选择相应知识点板贴贴在黑板上; 引导学生回答保护眼睛方法:(用眼环境要选好、用眼时长要控制、用眼姿势要正确、用眼卫生要注意)	1.小组代表积极回答本小组讨论内容; 2.各小组相互补充; 3.回答出问题的学生自己选择教师准别好的板贴帮助老师贴在黑板上	1.通过小组汇报形式节约课堂时间,得出最有答案和方法; 2.深化理解用眼卫生知识
	读书写字姿势“学、练、赛”(9分钟)	1.师:哪位小朋友说读书写字的时候坐姿要端正,接下来请一位同学做示范; 2.组织学生优生展示,引导学生提出示范要求; 3.组织学生学习“读书、写字、坐姿”正确姿势; 4.组织学生练习“读书、写字、坐姿”正确姿势; 5.组织学生小组比拼“读书、写字、坐姿”正确姿势; 6.教师利用平板拍照上传各小组展示成果,组织学生小组间评价	1.学生积极示范读书写字正确姿势; 2.在教师的引导下认真练习读书写字姿势; 3.小组间比拼,各小组成员积极展示本小组学习成果; 4.小组间成员利用平板相互评价	1.把体育运动知识运用到实际生活中去; 2.理论联系实践,能让学生做的多让学生做,以学生为中心; 3.把“学、练、赛”运用到体育课堂中; 4.指导学生学会正确的读书写字姿势; 5.以学生为主体

续 表

课的环节		老师活动	学生活动	预计达成目标
四、用眼卫生的方法	知识拓展：用眼卫生（2分钟）	师：还有哪位同学想给大眼萌支支招？	学生积极回答： 1. 不在课间用尖锐的物品与别人玩耍； 2. 看书写字不能趴在桌子上； 3. 要多吃蔬菜和水果	1. 知识拓展，学生在补充中探讨出更多的保护保护眼睛的方法； 2. 注重课堂生成
五、游戏巩固知识	喜洋洋运动会（2分钟）	1. 教师讲解游戏规则：在规定的时间里判断用眼卫生对错知识，答对多的小组获胜； 2. 教师组织学生比赛	在本组学生进行比赛的同时，本组队员可以帮忙打气和共同答题	1. 通过游戏，帮助学生巩固所学知识； 2. 培养学生团结合作，竞争精神
	判断对错（3分钟）	教师讲解游戏规则：在规定的时间里判断卡通图片里用眼卫生的对错知识，答对多的小组获胜	在本组学生进行比赛的同时，本组队员可以帮忙打气和共同答题	通过游戏，帮助学生巩固所学知识， 培养学生团结合作、竞争精神

续 表

课的环节		老师活动	学生活动	预计达成目标
五、游戏巩固知识	拓展活动:“保护眼儿歌”(2分钟)	1.师:同学们刚刚又通过游戏帮助大眼萌进一步了解了用眼卫生知识,大眼萌想邀请大家一起唱唱拍手歌,你们愿意吗?我们来看看哪一组同学最认真、最整齐、声音最响亮; 2.跟着“保护眼儿歌”视屏与学生一起演唱歌曲。 《保护眼儿歌》 你拍一我拍一,用眼卫生要注意。 你拍二我拍二,眼保健操好伙伴。 你拍三我拍三,劳逸结合记心间。 你拍四我拍四,端正姿势来写字 你拍五我拍我,走坐车别读书。 你拍六我拍六,课间室外遛一遛。 你拍七我拍七,不要躺着来学习。 你拍八我拍八,看书不要桌上趴。 你拍九我拍九,用完电脑要洗手。 你拍十我拍十,良好习惯要保持	在音频下和老师一起唱保护眼儿歌	1.通过拍手歌串联所学知识,学生在玩中学,在学中玩; 2.注重课堂生成
六、课堂小结(2分钟)		师:同学们,谁能告诉老师你们今天学习了什么啊?	学生举手回答	知识巩固

续 表

课的环节	老师活动	学生活动	预计达成目标
七、课后作业(1分钟)	师:1.大家都知道保护眼睛的方法了,这节课的作业就是回家以后提醒家长抓拍自己用眼卫生的好习惯发给老师,我们一起来比一比看看谁每天都能坚持用眼卫生; 2.若我们在平时生活学习中发现身边的小朋友用眼卫生不正确,我们要怎么办?	1.认真听讲本次课的课后作用; 2.一起回答老师的问题	1.通过课后作业,帮助学生日后养成用眼卫生的好习惯; 2.通过课后作业,提醒并帮助他人学会正确用眼
八、结束部分	下课	起立师生再见	常规教育
教学反思	本课用了几处信息技术,将希沃白板和智慧课堂有机结合在一起,无论是希沃白板的运用还是指挥课堂的切换都取得不错的效果,不仅提高了学生学习的积极性,也充分提示了自身的课堂信息技术应用能力。但是本节课还有很多不足的地方,这节课的课堂激情不够,没有很好地融入孩子中间。室内课对于体育老师来说是短板,无论是教师语言表达还是教态都和文化课老师有着不小的差距。其次,本节课没有充分体现学生主体,例如总结“三个一”是教师总结出来的,可以引导学生进行总结		

微课二维码

1. 请打开手机微信,用微信扫一扫二维码。

2. 打开视频进行观看。

课例3　武术基本动作——穿掌

单元计划

课 次	学习内容	学习目标	学习重难点	教法措施
1	1.安全、武德教育； 2.武术基本功； 3.武术基本动作； 4.快乐课课练： (1)：原地波比跳；(立卧撑) (2)跳马背； (3)俯卧撑行走； (4)推小车； (5)摸标志物往返跑； (6)互动仰卧蹬小车	1.通过安全教育，使学生了解武术教学的安全常识，加强组织性和纪律性； 2.通过基地学习，使小组内同学能顺利学会其中一个动作，回小组开展互教互学； 3.通过学生互教互学，使学生能按照顺讯完成穿掌的动作路线和动作方法基本动作练习协调连贯； 3.通过小组“学练赛评”，学生动作路径与手型配合准确	重点：穿掌基本动作手型与步法的动作路线与顺序正确； 难点：基本动作练习协调连贯	1.微视频展示完整动作，引起学生学习兴趣； 2.简要说明武术的实用意义和作用，激发学生练习的积极性，进行安全教育，提出保障安全必须遵守的纪律要求； 3.介绍本课程目标、内容、考核方法和要求等； 4.小组成员分散学习基本动作，小组内“互教互学”，完成完整动作学习； 5.教师完整动作展示，讲解普遍出现的学习动作遇到的重难点问题； 6.巡视指导，适时提示注意动作的规范性； 7.素质练习： (1)原地波比跳；(立卧撑) (2)跳马背； (3)俯卧撑行走； (4)推小车； (5)摸标志物往返跑； (6)互动仰卧蹬小车

续 表

课 次	学习内容	学习目标	学习重难点	教法措施
2	1. 复习武术基本功； 2. 复习“穿掌”基本动作，强化重点学习内容； 3. 小组内部自我评价； 4. 游戏：你来我往	1. 较好地掌握武术基本功，将内容运用到学习动作中，提高完成动作的质量； 2. 了解“穿掌”动作的攻防含义； 3. 正确掌握动作方法，较好地完成练习，动作完成协调且流畅； 4. 培养学生合作学习的能力，适应互教互学的学习形式	重点：劈、按、穿的节奏走明显、动作 难点：眼随手动	1. 讲解提问，激发学生学习兴趣，巩固已掌握动作； 2. 讲解、示范，启发引导； 3. 复习“穿掌”技术动作； 4. 学生小组内呼叫互教互学，把握重点； 5. 巡回指导，鼓励学生积极思考、观察交流； 6. 小组内部开展自我评价，形成动作一致性； 7. 游戏
3	1. 复习“健身长拳”①—⑩动作； 2. 小组编排武术组合动作； 3. 评价：“穿掌动作”技评； 4. 游戏：排山倒海	1. 加强对“穿掌”技术动作的深刻理解，进一步巩固提高完成技术动作的质量； 2. 95% 以上的学生较规范地完成技术动作，并逐步提高攻防能力； 3. 小组以穿掌动作为要素编排一个武术组合动作； 4. 发展学生的身体素质，提高学生快速奔跑和反应能力	重点：动作流畅无停顿； 难点：动作有力有神，有精气神	1. 利用比较、讲解与示范的方式加深对动作的认知； 2. 采用自主练习和合作交流的形式展开教学，强调互帮互学； 3. 进行分组动作编排，进一步掌握动作技能； 4. 采用分小组方式按顺序进行“穿掌动作”的学习评价； 5. 游戏

教学分析

1. 指导思想

本课以“健康第一”为指导思想，以学生的发展为中心，结合小学生的身心特点，以学生身体练习为主要手段，采取学生自主合作探究、互帮互学的形式，促进学生体育技能的形成，增强学生的体质，培养对武术的兴趣，挖掘武术教材的德育价值，并注重学习过程中学生主动参与活动的意识培养，使学生在身体健康、心理健康与社会适应能力等方面都得到良好的发展。

2. 教材分析

本课教材内容是武术基本动作之一，学习难度不大，适用于小学三年级学生。本课程分为三个课时。在前几节课武术基本动作的学习中，学生已经打下了手型和步法基础。本课通过小组合作与探究，在识图思考、模仿实践、互助互学、师生共同参与展示与评价的过程中，让学生学会穿掌基本动作，多形式的练习方式，激发学生的学习兴趣，进一步巩固技能了，初步感知武术“精、气、神”的内涵。同时培养学生勇敢、顽强和互相帮助的优良品质，促进学生身心和谐健康发展。

3. 学情分析

小学三年级的学生对武术已有了一些基本的了解，对武术动作的理解力、运用能力有限，但他们对武术的兴趣非常高。本次上课的班级男生18人，女生18人，他们对武术动作的了解以直观形象的思维为主，对武术的学习有强烈的模仿欲，学生之间比较团结，能做到小组参与学习。在学习中会出现动作不协调、没力量和缺乏精气神的现象，对重复练习不能做到持之以恒，耐心不够，需要老师积极引导。在教学中，教师不能急于求成，对学生武术动作的掌握不做过高的要求。

四、教学目标

1）认知目标：学生知道学习武术是为了强身健体，并且知道穿掌中单独动作的术语，明白动作的攻防意义。

2）技能目标：学生通过探究、交流、练习，85%以上的学生基本掌握穿掌完整动作，且穿掌动作手型、步法顺序和路线清晰。

3）情感目标：克服武术练习中怕苦、怕累的思想，培养学生在学习中自主学习、乐于合作的精神，激发学生对武术的兴趣。

5.教学重难点

教学重点：穿掌时手型与步型的动作路线与顺序。

教学难点：基本动作练习协调连贯，眼随手动。

6.教学方法

1）教的方法：

（1）讲解示范法：精讲、抓住重点，示范动作标准规范。

（2）分组练习法：通过分组练习，相互交流，纠正动作，使他们共同进步。

（3）探究合作法：集体观察图纸，讨论以及小组内交流讨论，共同完成任务。

（4）游戏法：提高学生学习兴趣，寓教于乐，让学生感受到体育的快乐。

2）学的方法：

（1）会听、会看、会想：学生通过看、听、想明确动作概念，自主学练。

（2）会合作与探究：分组练习时学生学会合作，互教互学，能找到自己与同伴的动作中存在的问题，并解决。

（3）会展示与评价：小组展示，相互开展评价，提高学习能力。

7.教学流程

学生课前微课自主学习→教师观看学生发回的学习视频收集问题→任务驱动课堂分层教学，多种练习方法使学生饶有兴趣的参与学练，满足不同基础，不同目标的个体需求→循序渐进，教学方法由易到难，由简到繁，逐步深化提高→展示交流，引导学生自信展示，相互学习，促进教学目标的达成。

教学计划

教学环节	教学内容	教学活动	组织形式和注意事项	运动负荷		
				时间（分钟）	次数	强度
开始部分	1.课堂常规： (1)集合整队，师生问好； (2)检查学生服装，安排见习生； (3)教师宣布本课内容，提出学习和安全要求	1.教师带领学生整队,安排见习生并提出学习和安全要求； 2.教师介绍本课要学习的内容； 3.检查学生精神面貌,队列复习,强调动作整齐,口令响亮	组织形式一： （四列横队）  强调安全	2	2-3	小
准备部分	地形跑慢跑热身	教师讲解跑步场地和要求,带领生进行慢跑一圈,再由慢跑过渡到慢走一圈,同时手臂做双百掌姿势,左右切换；		5	1	小
	武术操：“弟子规”	音乐伴奏,教师带领学生做热身操。要求动作到位,舒展、有力； 学习穿掌基本动作	组织形式二： 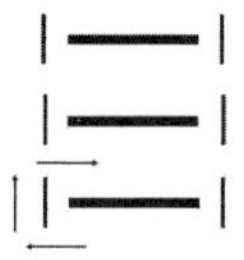	2	0 8×4 拍	小

续 表

教学环节	教学内容	教学活动	组织形式 和注意事项	运动负荷		
				时间 （分钟）	次数	强度
主体部分	武术——穿掌基本动作（预备姿势、马步劈掌、弓步按掌、提膝穿掌） 新授：穿掌基本动作动作方法： 预备姿势：开步站立，成双摆掌  1 马步劈掌：右手成掌，自左向右，向上，经头向右划弧劈掌，使掌指向上，小指侧向右，与眉同高；左手变拳收于左腰间；  2	（1）教师示范：主屏幕展示教师穿掌完整示范动作，提出本课总任务和目标，使学生建立初步动作概念； （2）准备动作学习：师教授全体学生准备姿势的动作，师提问学生："大家想不想当小老师，回来教会其他组内同学？"将预备姿势马步劈掌、弓步按掌、提膝穿掌四个动作安排全体学生进行分组学练，学生互教互学，安排小组长带领学生到达练习场地； （3）小组成员编号：课前将学生分为6个学习小组，1—3组每小组成员编号为1，1，2，2，3，3号，4—6组每小组成员编号为4，4，5，5，6，6号，由小组长负责发放号码牌；	组织形式三： 六人一组，进行编号分组 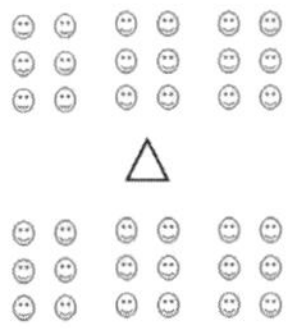 注意事项： 听从组长安排分组事项 组织形式四： 每组2名同学学习不同内容视频区域学习 	16	8	中

续 表

教学环节	教学内容	教学活动	组织形式 和注意事项	运动负荷		
				时间 （分钟）	次数	强度
主体部分	弓步按掌：上体右转 45°，右手收至腰间，掌心朝上，左手自腰间下、向后、向上，经头向右下盖按，屈腕横掌于右间内侧，掌心斜向前下；  3 提膝穿掌：右手自腰间向左手背上穿出，掌心朝上，同时提左膝，上体左转 45°，目视右手  4	(4)分组自主学练：在场区设置马步劈掌(1.4)、弓步按掌(2.5)、提膝穿掌(3.6)的模块视频学习基地，所有小组成员通从小组长安排到达对应基地学习，根据任务单要求进行学习和练习； (5)小组合作学习：每组同学将已学会的内容回到本小组后教授其他同学，小组长组织组员进行合作互助学习，让每个同学学会分解动作，并将每个动作的连接进行探讨学习，师进行巡回给予针对性指导； (6)重难点讲解：教师在小组内针对组员练习内容进行动作重难点讲解；	组织形式五： 学成的小组成员回到组内进行互助教学 △ △ △ ☆ △ △ △ 分组练习注意： 发挥小组长带头模范作用，组织全组有序、互助积极进行探究学习活动。 重难点讲解注意事项：关注普遍问题和个别问题，讲解要清晰、细致 组织形式六： ☺ ☺ ☺ ☆ ☺ ☺ ☺ 自主练习注意事项： 组内成员之间认真练习、互相纠错，实现共同进步。教师强调注意安全，禁止用武术动作打闹	16	8	中

续 表

教学环节	教学内容	教学活动	组织形式和注意事项	运动负荷		
				时间（分钟）	次数	强度
主体部分		(7)小组完整动作学习:各组组员在本小组视频基地,根据任务单要求完成穿掌的完整动作学习,师巡回指导; (8)组间竞赛 比赛内容:本节课学习的穿掌基本动作; 武林大比武方法:采用互评的积分制方式,分别准备9分、8分、7分的分值牌,3组同时比赛,其余3组对比赛队伍统一亮分后互换。总计分成绩出现平局时由老师参与评分,累计分值最高的队伍获得本次“武林英雄”的称号。 要求:1分钟内组内成员每人完成20个,跳起时双脚离地,小组围在一起,每跳一次共同向上合一次掌	组织形式七: 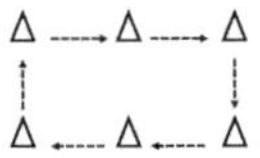 规则:听音乐进行场地循环和课练,顺时针轮换,注意安全	16	8次	中

续 表

教学环节	教学内容	教学活动	组织形式和注意事项	运动负荷		
				时间（分钟）	次数	强度
主体部分	快乐课课练： 课练秘籍规则：训练开始前，小组长找到训练项目，根据音乐，组员在本小组按要求共同开始练习，音乐提示换组。小组按顺时针方向进行小组轮转，直至6组内容全部完成 活动①：原地波比跳（立卧撑） 活动②：跳马背 活动③：俯卧撑行走 活动④：推小车 活动⑤：摸标志物往返跑	要求：组员平分两组，在规定时间内，第一名成员在指定位置做马背姿势，第二位同学从起点起跑，两腿分开从支撑者上跳过，轮换当马撑者，依次进行。支撑者要需站立稳定，可根据跳跃者身高适当降低高度。 要求：将小组均分两组，在标志线的两端撑俯卧撑姿势开始向前移动，移动5步以上可与遇到对面小组成员后单手击掌同时一条腿离地，然后向后爬行到起始位置，循环进行，每位同学都需要和组内成员各击掌一次，下一次击掌时需与上次手臂不同	/	10	1	中

续　表

教学环节	教学内容	教学活动	组织形式和注意事项	运动负荷		
				时间（分钟）	次数	强度
主体部分	活动⑥:互动仰卧蹬小车	要求:小组内两人一组在指定标志线内两人一组进行游戏,两人到达标志线另一端后进行换位返回,如此往返。注意安全 要求:规定时间内在指定标志线区域内本组成员连贯往返跑,当第一人摸到第2个标志物时,第2人启动,每次结束后慢跑至起点等待,循环进行,每个人至少参与5次 要求:在规定时间内,仰卧地面上,两位一组,脚底相对,两腿轮番蹬动100次	/	10	1	中
结束部分	1.放松拉伸练习; 2.学生自评; 3.教师简要总结; 4.师生再见,回收器材	1.教师带领学生听音乐做放松拉伸练习; 2.学生自我总结,谈一谈学习收获; 3.教师总结本课学习情况; 4.值日生收拾器材	组织形式八:四列横队 X X X X X X X X X X X X X X X X X X X X X X X X ★	2 9	1	小

续 表

<table>
<tr><th>练习密度</th><th>心率区间</th><th>心率曲线图</th></tr>
<tr><td>65±5%</td><td>120—170次/分</td><td>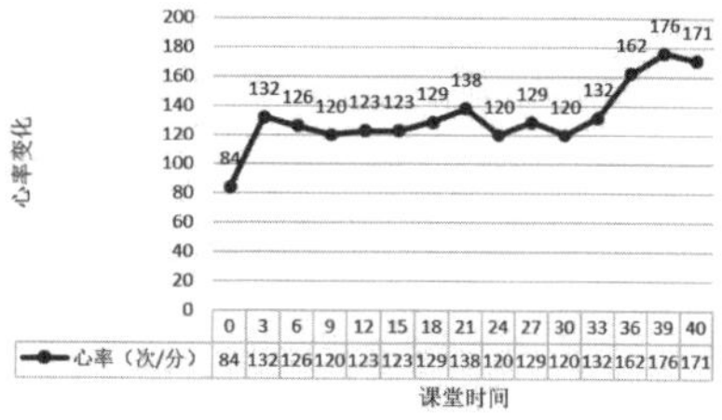

体育课心率曲线图</td></tr>
<tr><td>课后反思</td><td colspan="2">本课按照“先学后教、为教而学”的教学模式设计，由于为借班上课，学生对小组学习的形式比较生疏，课前交流不足造成小组长组织学习效果没能充分体现设计意图，为此，值得反思的是今后在开展小组学习时，要充分让学生了解小组合作的意义和方法，同时培养小组长组织能力
在二个环节的目标下达不清晰，第一阶段要明确学习不但要学会，而且要具备教会别人学习的任务；第二阶段的小组学习，小组要明确每位成员都必须学会动作，而且要做得整齐、正确、有精气神，结束时以小组为单位在全班进行PK
快乐课课练环节的循环练习比较流畅，学生充分运动，课前微课学习效果明显。但是学生间距把握不准确，有拥挤现象，应该及时给予调整间距，保证练习的合理间距</td></tr>
</table>

微课二维码

1. 请打开手机微信，用微信扫一扫二维码。

2. 打开视频进行观看。

后　记

体育教学的智慧变革，要从信息技术在体育学科上的应用说起。2010年微课进入我国以来，在大学校园逐渐兴起，慕课（MOOC）成为高校网络学习的新兴领域。国内中小学微课的各个层级的竞赛活动风生水起，其中不乏中小学体育微课竞赛，成果突出但仍有碎片化、零散的弊端。在没有体育微课理论基础和体育微课应用实践支撑的情况下，微课的制作与微课的应用都存在着很多的未知因素，很少有体现微课功能的作品。笔者自2011年开始涉足中小学信息技术应用后，对体育学科的信息技术应用始终处于跟踪探索中，以期寻求信息技术与体育学科的有效应用融合点。2015年，全国信息技术研究课题成功立项，笔者持续地对中小学体育微课的设计与应用进行探索。经过多年来的积淀与摸索，构建了体育微课设计及应用系统理论与实践体系，提出了体育微课建构的方法，进而从微课制作实践出发，以大量的实例诠释了体育微课及其应用内涵，为广大体育教育者在体育信息技术教育的应用中提供理论指导和实践方法的借鉴，同时也希望为体育信息化研究者提供一定的参考。

伴随着信息技术的飞速发展，信息技术手段逐步走进体育课堂。书中反映了新中国成立七十多年来学校体育和体育信息技术的变化，对各个历史阶段的体育信息化应用做了详细的论述。读者沿着体育信息化的历程，对体育信息化的发展脉络会有一个全面的认识。

本书的重点是体育微课的设计制作。围绕体育微课制作与课堂教学应用融合这一主题，梳理出体育微课“知识传授”和“技能学习”这两个区别于其他学科微课的主要功能，进而构建了体育微课的“合理呈现、有效探究、自主学练”的“三段法”微课基本结构，有效解决了微课学习的动力问题。书中还设计了不同形式的驱动方法，促使学生借助微课主动习得体育动作知识和体育动作技能。体育微课的课例呈现给读者在制作微课时提供了一个可复制的样板，任务驱动的方法则是突破微课学习瓶颈的重要手段。

体育学科的特殊性决定了微课不能简单与其他学科雷同。本书结合体育教学的特点给体育微课重新定义，将技能学习融入微课概念中，形成体育微课的概念。本书还结合体育教学属性将体育微课进行分类。

微课的最终目的是运用。微课除了独立运用之外，结合课堂教学应用的主要形式是翻转课堂。本书定位了微课和课堂教学的关系，给微课学习和课堂学习分配了不同的任务，提出了不同层次的目标，即“双目标”理论，梳理出基于微课的翻转课堂的教学流程，进而构建了基于微课的翻转课堂教学模式。书中还论述了翻转课堂对教师的教学方式和学生的学习方式的转变，给微课的运用提供了一个较为理想的途径。

体育基础知识教学一直是体育教师的短板，智慧课堂则是在翻转课堂基础上信息技术应用的再升级。书中详细阐述了如何让教师智慧地教、学生智慧地学，发挥信息技术设备在课堂教学中的交互作用，突破传统体育基础教学的天花板，构建一个崭新的、自主的、创造的新型体育课堂。智慧课堂的架构，既有视频等互动方式，也出现了体育信息技术器材“智慧光标”，再次拓展了信息技术在体育课堂的应用范围。

考虑到广大一线体育教师对操作性、实例性内容的需求，本书独辟一章，分别呈现体育微课、翻转课堂、智慧课堂的典型课例。微课课例中有在全国教育信息化大赛、教育部信息技术融合大赛中的获奖作品；翻转课堂、智慧课堂教学课例，有的是全国一体化体育课程推进会上的展示作品，有的是“一师一优课”的部级优课作品，还有各级竞赛活动的获奖佳作，代表着前沿的体育课堂创新教学方法。从课例设计、课例欣赏、课例评析三个方面呈现课例，既让读者了解课例的设计内容、教学方式，又让读者领略课例的创新之处，思考改进建议。

体育微课和基于微课的课堂代表着体育信息化应用于体育教学的重要内容。书中以大量的实例支撑着体育信息技术的应用，转变了体育课的教学方式和学生的学习方式。创新的学法设计颠覆了人们对传统体育课教学的认知，催生了新时代体育教学创新形式的出现。

本书是笔者七年来带领“中小学体育金钥匙团队”持续研究形成的智慧结晶，倾注了笔者的大量心血。创作过程中，得到中国教育科学研究院于素梅博士、安徽教育科学研究院吴桥老师，以及杜泉、余卫东、申克才等省内外专家的指导，也得到了钱荣华、李长英老师的帮助。本书还收录了袁圣云、王豆豆、杨文涛、叶志强、杨继然、孙凯、廖梦婕、罗洪、王鹏、赵探、余宏武、侯铭、丁俊、李等老师的优秀微课及课例作品，在此一并表示感谢！